크리스천의
그림책 공부

생애 봄 01

크리스천의 그림책 공부

발행일	2024년 1월 9일
지은이	박제민
펴낸이	최혜정
펴낸곳	도서출판 생애
출판등록	2019년 9월 5일 제377-2019-000077호
주소	수원시 팔달구 권광로 373
메일	saengaebook@naver.com
디자인	(주)디자인집 02-521-1474
ISBN	979-11-981125-3-8 03230

※ **생애 봄**은 도서출판 생애의 '기독교 도서'입니다. 우리의 삶을 하나님의 눈으로 봅니다.
※ 저작권법에 의해 보호받는 저작물이므로 무단 전재와 복제를 금합니다.

크리스천의
그림책 공부

그림책으로
배우는
삶과 하나님의
원리

박제민

생п

들어가는 말

성인 대상 그림책 모임이 그야말로 붐이다. 그림책 전문 서점이 여기저기 들어서고, 동네서점과 도서관에서는 그림책 모임이 눈에 띄게 늘었다. 시인 이자 그림책 작가인 오사다 히로시는 그림책이 가장 필요한 사람은 어쩌면 아이가 아니라 어른이라고 말한다. 4년째 그림책 모임을 해보니, 그림책은 사람을 잘 들여다보게 하는 도구로 탁월하다. 여백이 많아서일까. 그림책을 보는 시선은 사람들이 지닌 세상만큼 다채롭다. 다름은 경이로움을 불러일으킨다. 다른 모습 그대로, 사람이 조건 없이 받아들여지는 풍경 속에 있으면 치유가 일어난다.

소설은 인생을, 사람을, 감정과 생각을 잘 표현한다. 하지만 여백이 많은 그림책도 만만찮은 여운을 준다. 그림책은 그 여운을 붙잡고 서슴없이 인생 여정을 떠나게 등을 떠민다. 그림책은 시처럼 인생의 단면을 명쾌하게 이해할 수 있어서 좋다. 단순할수록 층층의 의미가 있다. 구름 한 점 없는 하늘이 가장 깊게 느껴지는 것처럼 말이다. 전체를 볼 수 없는 우리는 부분만으로도 전체를 보는 상상력을 선물 받았다. 삶의 한 부분에 관한 깨달음이 있다면 또 살아갈 힘을 챙길 수 있다. 그래, 그렇지, 하고 추임새를 넣을 수 있는 작품을 하나 만나는 것만으로, 우리는 또 하루를 살 수 있다. 그림책을 읽을 때마다 나는 부활하고, 그림책은 새롭게 피어난다. 나랑 눈을 맞추고, 이전에 보여주지 않았던 꽃망울을 터뜨린다. 다른 이들과 함께 읽으면 한꺼번에 팔색조 같은 매력을 보여주는 게 그림책이다. 그러니 기대하면서 말끄러미 바라보고 귀를 열 수밖에. 그림책은 '우리'의 것이었다.

세계적인 그림책 작가 맥 바넷은 'WEE 매거진'과의 인터뷰에서 이런 말을 했다.

"저는 예술은 현실이 아니라고 생각해요. 예술은 무언가 창조하고 구축함으로써 우리가 현실을 이해하는 데 도움을 주는 존재예요. … 좋은 예술은 어떤 면에서는 조금 덜 확실하고 중심을 벗어난 것이라고 생각해요. 그래서 우리는 생각해왔고 알고 있던 일을 새롭게 검토해야만 하지요. 어쩌면 우리가 잘못된 것이 아닐까 느끼도록 그 가능성을 열어두는 것이라고 생각해요. 혹은 동시에 두 사람이 옳을 가능성도 있겠지요."

그림책은 자꾸 질문을 하게 한다. 지금까지 알고 있었던 것을 새롭게 검토하도록 만든다. 내 생각이 잘못될 수도 있겠다는 반성과 함께, 타인도 옳을 수 있겠다는 마음 자세로 나아가게 한다. 이것은 자신의 '새로운 존재 가능성'을 찾는 일이기 때문에, '절대' 진리를 전해야 하는 그리스도인과 맞지 않는 것처럼 느껴질 수도 있다. 그런데도 그리스도인이 그림책을 봐야 하는 이유는 뭘까? 예술은 다양한 사상과 종교, 가치관, 그리고 삶의 생생한 모습을 풍부하게 담고 있다. 실제 인생보다 더 '심오한 유사성'을 지닌다. 그래서 예술은 그리스도인이 사랑해야 할 '사람과 세상'을 이해하는 데 큰 도움이 된다. 그림책도 그렇다. 우리는 그림책을 통해 삶과 신앙에 관하여 낯설지만 깊은 깨달음을 얻을 수 있다.

그림책은 다양한 생각과 감정을 나누기에 적합하다. 다양한 시점이나 가치관은 마음을 자유롭게 한다. 작가가 말하고자 하는 주제가 따로 있겠지만, 작품의 해석은 결국 독자들의 몫이다. 그림책 모임의 참여자들은 자기만의 관점으로 작품을 본다. 열린 결말, 중의적인 표현, 인상적인 그림, 탄탄한 줄거리일수록 나눌 게 풍성하다. 대화의 시간은 생각하는 방법을 공유하기 위한 시간이다. 대화는 함께 만들어가는 의미의 바다에서 자기만의 보물을 건져내는 일이다. 열린 질문을 하고 난 후 조용히 듣는 게 최선일 때가 많다. 질문은 대답보다 항상 크지만, 이채로운 대답은 또 다른 질문을 낳는다. 그림책에서 얻은 삶의 통찰은 이미지화되어 마음에 찍힌다.

'라브리 그림책 독서 모임'에서는 매주 한 권씩 그림책을 본다. 짧은 그림책 한 권으로 무슨 이야기를 나눌까 싶지만, 90~120분의 시간이 매번 부족하다. 같은 생각에 서로 위로받기도 하고, 전혀 다른 이야기를 들으며 도전도 받는다. 숫돌이 칼을 날카롭게 할 때 칼도 숫돌을 갈아내는 것처럼, 그렇게 서로 영향을 주고받는다. 나의 말을 아무도 평가하지 않고 묵묵히 들어주는 경험은 깊은 평안을 준다. 오히려 누가 나에게 직접 뭐라고 한 게 아닌데, 괜히 스스로 찔리고 반성하고 자기 삶을 돌이키려 한다. 직접 충조평판(충고, 조언, 평가, 판단) 받았다면 반감이 들었을 것이다. 모임에서는 삶의 덕목, 곧 믿음, 소망, 사랑, 용기, 절제, 정결, 정의, 친절 등을 어떻게 실천해야 할지 함께 고민도 한다. 평소에 습관적으로 사용했던 말들을 낯설게 보니, 그 의미가 더욱 명확해진다. 머리에서 가슴으로, 가슴에서 손발로 이어지는 삶의 여정에 그림책이 함께하니 기쁘고 즐겁다.

이 책의 각 장은 보통 사람이라면 가질 수 있는 질문으로 시작되고, 그림책의 내용과 삶을 돌아볼 수 있는 다양한 질문으로 마무리된다. '그림책 톺아보기'에서는 그림책을 꼼꼼하게 들여다보고 생각할 거리를 제시한다. 구체적인 논제는 그림책에서 꼭 살펴봐야 할 상징, 비유, 반전, 글귀 등을 보게 할 것이며, '어떻게'라는 말로 표현한 열린 질문은 생각의 폭을 다방면으로 넓히는 데 도움이 될 것이다. '삶을 변화시키는 질문'에서는 좀 더 구체적으로 자신의 삶과 신앙을 돌아볼 수 있는 내용을 제시한다. 질문에 대한 답을 적으면서 실제적인 성찰이 있기를 소망한다.

부록으로 담은 라브리 독서 모임 이야기와 그림책 톺아보기 역시 그림책을 읽고 그림책의 장면을 충분히 감상하고 질문으로 연결하는 연습에 큰 도움이 될 것이다.

이 책은 라브리 그림책 독서 모임 참여자들의 생각과 감정을 모아놓은 결과물이다. 이 자리를 빌려서 모임에 참여하신 모든 분께 감사의 말씀을 드린다. 아무쪼록 이 책을 통해 개체가 연합체가 되고, 끊어진 것이 다시 연결되기를 바란다. 사람과 사람이, 책과 사람이, 자연과 사람이, 신과 사람이, 손과 손이 마주칠 때 사람은 더 빛나고 세상은 더 따스해질 테니까 말이다.

2023. 12.
당신의 보석 같은 마음을 캐고 싶은
마음 광부 박제민

목 차

들어가는 말 ··· 004

I. 나를 돌아봅니다

진짜 '나'는 어떤 모습일까요? 『오리건의 여행』 ·················· 013
어떤 꿈을 가져야 할까요? 『지하 정원』 ······························ 021
나의 사명은 무엇일까요? 『샘과 데이브가 땅을 팠어요』 ····· 031
떠나야 하나요? 남아야 하나요? 『키오스크』 ······················ 039
아픈 마음, 내버려 둬도 되나요? 『마음정원』 ······················ 047
어떤 질문을 하며 살아야 할까요? 『세 가지 질문』 ·············· 055

II. 오늘도 살아냅니다

어떻게 하면 온전하게 살 수 있을까? 『나는 강물처럼 말해요』 ········ 065
나 하나 변한다고 세상이 바뀔까요? 『미스 럼피우스』 ········ 073
일탈 좀 하면 안 되나요? 『팔딱팔딱 목욕탕』 ······················ 081
무엇을 열고, 무엇을 닫아야 할까요? 『내가 다 열어 줄게』 ······ 091
경제적으로 잘사는 게 좋은 것 아닌가요? 『커다란 것을 좋아하는 임금님』 ··· 099
간절히 바라면 무엇이든 이룰 수 있나요? 『고래가 보고 싶거든』 ········ 107

* 본문에 인용된 성경 구절은 특별한 표기가 없는 경우 '개역개정성경'에서 인용한 것입니다.

III. 사랑을 배웁니다

나의 찐친은 누구일까요? 『저승사자와 고 녀석들』 ·········· 117
당신의 진정한 멘토는 누구인가요? 『친구의 전설』 ·········· 125
사랑해서 헤어질 수도 있을까요? 『소녀를 사랑한 늑대』 ·········· 135
사랑을 가르쳐주는 곳은 없나요? 『나에게도 사랑을 주세요』 ·········· 143
나의 사랑은 왜 영화와 다를까요? 『사랑 사랑 사랑』 ·········· 151
가족이란 무엇일까요? 『파랑 오리』 ·········· 159

IV. 우리를 돌아봅니다

같이 먹는 게 왜 중요할까요? 『우리 집 식탁이 사라졌어요』 ·········· 169
절제는 개인의 문제인가요, 공동체의 문제인가요? 『엄마는 해녀입니다』 ··· 177
어떻게 나만의 속도로 갈 수 있을까요? 『슈퍼 토끼』 ·········· 185
공동체를 위한 헌신이 왜 필요할까요? 『고라니 텃밭』 ·········· 195
무엇을 위해 용기를 내야 할까요? 『용기를 내, 비닐장갑!』 ·········· 205
당신의 믿음은 어떤 모습인가요? 『돌멩이 수프』 ·········· 215

부록
라브리 그림책 독서 모임 이야기 ·········· 225

나를 돌아봅니다

『오리건의 여행』
라스칼 글 / 루이 조스 그림
곽노경 옮김 / 미래아이

진짜
'나'는
어떤
모습일까요?

사는 게 부자연스럽고 삐거덕거릴 때 나는 진정한 자아로 살고 있는지 질문하게 된다. 그러면 내가 쓴 가면이 보인다. 가면은 완충재나 보호막 같은 것이다. 나의 본래 모습이 여과 없이 드러난다면 나는 얼굴 들고 살 수 있을까. 살면서 가면이 얼마나 투명해질지는 모르겠다. 카를 구스타프 융은 인격 중에서 외부와 접촉하는 외적 인격을 '페르소나'라는 개념으로 설명했다. 가끔은 어디까지가 가면이고, 어디까지가 실제 자기인지 구분하기 어렵다. 가면이 한두 개가 아니라면? 영화 〈23 아이덴티티〉의 주인공은 자그마치 23개 다중인격의 소유자이다. 그중에 진짜 '나'는 누구인가?

이중인격 또는 다중인격을 전문용어로 '해리성 정체성 장애'라고 한다. '랜선 자아(SNS용 퍼스널리티)'가 해리를 더 부추기는 건 아닐는지 모르겠다. 태생적으로 실제 세계와 가상 세계를 넘나드는 MZ 세대뿐만 아니라, 모든 인간은 복잡한 세상 속에서 다중인격을 강요받았다. 사회적 역할, 다양한 입

I. 나를 돌아봅니다

장 속에서 일관된 정체성을 유지하기가 어렵다. 어쩌면 그렇게 살아남은 것인지도 모른다. 그러나 정체성의 혼란이 가중되면서 인간의 정신은 무너져 내렸다. 그렇다고 해서 가면을 벗어버리면 우리의 삶이 자유로워질까? 가면을 쓰지 않고 살아야만 진실한 삶일까?

『오리건의 여행』에는 가면을 벗어버리고 진정한 자아를 찾아 나서는 인물이 등장한다. '스타 서커스단'의 최고 인기 광대 '듀크'다. 어느 날, 오리건(서커스단의 곰)을 우리로 끌고 가던 듀크는 오리건이 말하는 소리를 듣는다. "듀크, 나를 커다란 숲속으로 데려다줘." 듀크는 아무 대답도 하지 못한다. 자신의 짐마차로 돌아온 듀크는 오리건이 숲에서 곰 식구들과 함께 살아야 한다는 것을 깨닫는다. 곰 오리건이 마지막으로 재주를 부린 후, 둘은 컴컴한 밤에 함께 길을 나선다. 둘은 검게 그을린 도시 피츠버그에서 버스를 탄다. 듀크는 오리건하고 여행하는 게 행복하다. 트럭을 얻어 타기도 하고, 반 고흐의 그림 같은 황금빛 들판을 헤치며 걷기도 한다. 떠돌이 장사꾼, 슈퍼마켓 종업원, 인디언 추장의 차를 차례로 얻어 타기도 하고, 달리는 기차에 몸을 싣기도 한다. 드디어 그들은 오리건이 꿈속에서 보았던 숲에 도착한다. 듀크는 숲에서 하룻밤을 지새우고 혼자 떠난다. "가벼운 마음으로, 자유롭게."

오리건과 듀크가 오리건(미국 서부의 주 이름)으로 가는 길은 꽤 먼 길이었다. 그들은 미 대륙을 동서로 가로질렀다. 가지고 있는 돈은 바닥나고, 버려진 자동차에서 잠을 청해도 듀크는 행복했다. 듀크는 오리건을 커다란 숲속으로 데려다주기 위해 최선을 다한다.

"나는 지켜야 할 약속이 있었고, 갈 길도 아직 멀었다."

듀크는 오리건과의 약속을 소중히 여겼고, 자신과의 약속도 지켰다. 듀크는 오리건과 자신을 태워준 트럭 운전사 스파이크에게 난쟁이로 사는 삶이 쉽지 않았다고 하소연한다. 듀크는 그런 삶을 벗어나고 싶었을 것이다.

듀크는 오리건으로 길을 떠날 용기를 내었지만, 빨간 코와 분칠을 지우지 않고 있었다. 그들을 태워주었던 스파이크는 듀크에게 물었다. "왜 아직 빨강코에 분칠을 하고 있소?" 듀크는 코가 살에 붙어버렸다고 대답한다. 여차하면 다시 돌아가려고 했을까? 광대는 얼굴에 짙은 분칠을 한다. 코와 입은 빨갛게, 다른 부분은 하얗게. 듀크의 진짜 모습은 철저히 가려지는데, 사람들은 그 모습을 보며 손뼉을 친다. '내가 나일 수 없을 때, 남들이 나를 인정해주면 나는 어떤 모습으로 살아야 하는 걸까?' 듀크에게는 답을 찾기 쉽지 않은 질문이었을 것이다, 떼어지지 않는 코처럼. 아마도 내면에서 울리는 이 질문을 외면할 때도 있었겠다. 그냥 살던 대로 살면 먹고사는 데는 문제가 없었을 테니까. 인생 여정에서 불쑥불쑥 생기는 질문에 고개를 돌리면 마음이 편할 수 있지만 삶은 점점 수렁에 빠질지도 모른다.

오리건으로의 여행은 표면상으로는 오리건의 소원을 들어주는 여정이었지만, 사실은 듀크 자신이 내면의 목소리에 귀를 기울이는 일이었다. 진정한 자아를 찾아가는 여행이었다. 듀크는 숲에 도착할 때까지 멈추지 않았다. 어떤 역경도 그를 막을 수 없었다. 숲에 도착한 듀크는 오리건을 숲에 두고 홀로 떠난다. 그가 떠나가는 길, 눈밭에 난 발자국 뒤쪽에 빨간 코가 떨어져 있다. 뒷모습이라 얼굴이 보이진 않지만, 분명 분칠했던 얼굴 색깔도 원래대로 돌아왔을 것이다. 눈은 날리고, 미래는 불투명해도, 어딘가 있을 백설 공주를 찾아가는 듀크의 발걸음은 힘차다. 이제 듀크는 자신의 정체성을 찾았기에 한결 가볍다. 이리저리 흩날리는 눈발처럼 자유롭게! 듀크는 오리건과 함께 대륙을 횡단했던 자신감으로 어디라도 갈 수 있게 되었다.

인간이 필연적으로 가지게 되는 페르소나를 정체성이라 할 수는 없다. 그저 다양한 사회적 역할이라 할 수 있겠다. 듀크는 자신의 여러 역할 중에서 '광대'라는 역할을 하지 않기로 했다. 자신에게 버겁거나 정체성과 상반된 가면이라면 얼른 벗어던지는 게 영혼의 평안함을 위해 낫다. 이제 듀크는 자신의 정체성을 혼란스럽게 하는 가면을 다시는 쓰지 않을 것 같다. 자신이 감당해야 할 역할에 따라 말과 행동이 달라질 수는 있다. 또 달라져야 할 필요도 있다. 그런데 그 격차가 크다고 해서 인격이 여럿이라고 표현하는 것은 맞지 않는다. 한 사람은 하나의 인격을 갖는다. 인격이 여럿이라면 '한 사람'이라고 할 수 없다. 의학적으로도 '다중인격'이라는 표현을 사용하지 않는다. 설사 심리학적으로 그것이 인정되더라도, 법적 책임소재는 명확하다. 내 안에 다른 인격이 있고, 그 인격이 뭔가 책임질 일, 예를 들어 범죄행위를 했다면, 그 책임은 나에게 있는 것이다.

그리스도인들은 어떠한 정체성을 가져야 할까? 그리스도인은 하나님의 자녀이다. 성령님이 친히 그렇게 증언하신다(로마서 8:16). 하나님의 영으로 인도함을 받는 사람은 하나님의 자녀이다. 그래서 하나님을 아버지라 부를 수 있다. 성경을 신앙의 관점에서 읽는 것이 아니라 지식으로 읽는 사람들도 있다. 그런 사람에게는 믿음이 생기지 않을 뿐만 아니라, 하나님을 아버지라고 부를 수도 없다. 하나님의 자녀는 종이 아닌 자녀로서의 삶을 살아야 한다. 죄와 욕망의 종이 되어 사는 것은 부끄러운 일이다. 줄은 풀렸는데 말뚝

박힌 자리를 떠나지 못하는 서커스단의 코끼리와 같다.

또, 그리스도인은 '사랑하는 자'이다. 하나님 사랑과 이웃 사랑을 실천하는 사람이다. 나를 사랑하는 것 역시 잊으면 안 된다. 네 이웃 사랑하기를 '네 자신과 같이 하라.'(레위기 19:18) 하셨으니까 말이다. 착해야 한다는 의무감에 그냥 참는 건 자기를 사랑하지 않는 것이다. 나 역시 사랑과 존중을 받아야 하는 존재이다. 그리스도인들을 대놓고 미워하면서 조롱하고 모욕하고 빼앗는 사람들도 있다. 그리스도인들은 사랑해야 하니까 무작정 참아야 할까? 참된 인내는 선한 이유를 위해 견디는 것이다. 악은 대항하는 것이지, 인내하는 것이 아니다. 악을 선으로 갚는 게 사랑이다. 사람을 미워하지 말고 그들을 끝까지 사랑해야 한다.

지독한 현실의 그림자가 우리의 정체성을 압도할 때가 많다. 인간이 자기 정체성대로 살지 못할 때는 불안하고 두렵다. 정체성은 군건해야 하지만, 딱딱하게 고정된 것은 아니다. 자신이 추구하는 정체성이 평생 같을 수는 없다. 삶의 주기와 경험에 따라 달라진 정체성을 새롭게 정비하고, 그것에 맞게 유연하게 살아가면 된다. 때로는 살면서 달라진 자기 생각과 가치관 앞에 스스로 당황하기도 하겠지만, 정체성은 찾고 만들어가는 것이다. 정체성은 늘 현실 너머에 있다. 그래서 소망을 품고 걸을 때만 단단하게 다져진다.

> 무릇 하나님의 영으로 인도함을 받는 사람은
> 곧 하나님의 아들이라 (로마서 8:14)

그림책 톺아보기

1. 오리건이 듀크에게 커다란 숲속으로 데려다 달라고 합니다. 듀크는 아무 대답도 하지 못하고 짐마차로 돌아와 고민합니다. 당신은 듀크의 고민을 어떻게 생각하시나요?

2. 난쟁이로 사는 게 쉽지 않다는 듀크의 말에 트럭 운전사 스파이크는 흑인으로 사는 건 쉬운 일 같으냐고 반문합니다. 당신은 이들의 대화를 어떻게 생각하시나요?

3. 지켜야 할 약속을 위해 새벽에 길을 떠나는 듀크를 보면서 당신은 어떤 느낌이 드시나요?

4. 듀크는 오리건을 숲속에 데려다주었습니다. 듀크는 가벼운 마음으로 자유롭게 떠나는데요. 당신은 듀크의 모습을 어떻게 보시나요?

▎삶을 변화시키는 질문

1. 당신이 가진 '가면'은 몇 개인가요?

2. 지금 세워져 있는 당신의 정체성은 무엇인가요?

3. 크리스천의 정체성에는 어떤 것이 있을까요?

4. 당신이 만들어가고 있는 정체성은 하나님이 보시기에 어떨까요?

『지하 정원』

조선경 글·그림
보림

어떤 꿈을 가져야 할까요?

아이들의 꿈은 대체로 아주 야무지다. 대통령, 의사, 판사, 교수, 장군, 운동선수, 연예인 등등. 나는 아인슈타인 같은 과학자나 에디슨 같은 발명가가 되는 게 꿈이었다. 방학이면 할머니 집 마당에서 둥탕 퉁탕 뭔가를 만들던 기억이 달콤하게 떠오른다. 놀이기구 대부분은 직접 만들어서 놀았다. 신문지를 뭉쳐서 유리 테이프로 감아 공을 만들고, 방망이는 배드민턴 채로 대신했다. 일반 공은 잘 튀어서 담을 넘어가니까 번거로웠다. 한번은 나무쪼가리들을 모아다가 탕탕 못을 박아서 개집을 만들었다. 굉장히 뿌듯했던 나는 그 앞에서 어설프게 자세를 잡고 사진도 찍었었다. 삼촌들은 그런 나를 보면서 웃기만 했다. 내가 만든 개집에 개를 묶어놓고 1분도 되지 않아서 그들이 웃는 의미를 알았다. 개가 개집을 끌고 마당을 뛰어다녀서 개집은 금방 종이 쪼가리처럼 너덜너덜해졌다. 고등학교에 진학하면서 내 꿈은 작게 오그라들었고, 이후의 삶은 꿈과 한참 멀어졌다. 꿈은 나이를 먹지 않는다는데,

I. 나를 돌아봅니다

나만 나이를 꼬박꼬박 먹어버렸다.

　요즘 아이들은 어떤 꿈을 꾸고 있을까? 여성가족부 공식 블로그를 보니, 꿈을 묻는 말에 '정규직'이라고 대답하는 아이가 있었다고 한다. 다소 충격적이나 현실적인 대답이다. 뭘 해도 좋으니 정규직이 되어야 한다고 교육받은 탓인지도 모르겠다. 자기의 꿈을 자신 있게, 신나게 말할 수 있는 10대 청소년들이 얼마나 될지 궁금하다. 하고 싶은 것도 없고, 하고 싶은 걸 말할 용기도 없는 청소년이 많다고 한다. 다음 세대 일꾼들이 사회 곳곳에서 자기만의 영역을 만들고 사회와 공동체에 이바지할 수 있도록, 기성세대는 무엇을 해야 할까?

　그림책 『지하 정원』 속에는 자신의 자리를 묵묵히 지키며 세상을 변화시킨 인물이 있다. 모스 아저씨는 지하철역에서 청소부로 일한다. 아저씨는 날이 저물고 사람들이 하나둘 집으로 돌아갈 때 일하러 간다. 어느 날, 아저씨가 지하철 승강장을 걸레로 닦고 있을 때였다. 지하철을 기다리던 사람들이 역 안에서 이상한 냄새가 난다고 한마디씩 했다. 아저씨가 사람들의 발길이 닿지 않는 터널 쪽으로 다가가자, 그곳에서 고약한 냄새가 훅 끼쳐 왔다. 다음날, 그 생각에 잠을 설친 아저씨는 다른 날보다 일찍 일하러 나간다. 그리고 지정 구역을 열심히 청소한 후, 터널 안으로 들어갔다. 바닥에 고인 물을 훔치고, 벽에 앉은 때와 곰팡이를 벗겨 냈다. 아저씨는 날마다 조금씩 터널 안을 청소했는데, 어느 날 터널 벽에서 땅 위로 통하는 환기구를 발견했다. 그리고 그 환기구 아래 얕은 흙에서 피어난 새싹을 발견하게 되었다. 환기구를 통해 볕이 들어왔고 그 척박한 곳에 생명이 움트기 시작한 것이다. 아저씨는 새싹을 정성껏 보살폈다. 싹은 자라 굵은 줄기가 되고 점점 자라 작은 나무가 되었다. 아저씨는 그 아담한 정원에서 쉬기도 하고 책도 읽었다. 사람들은 이제 더 이상 고약한 냄새가 안 난다고 했고, 가끔은 풋풋한 냄새가 실려 와 사람들의 얼굴이 밝아졌다.

지하철을 타러 온 사람들은 단지 터널에서 냄새가 난다고 불평했을 뿐이다. 그런데 그 불평이 모스 아저씨의 마음속으로 들어가 자리를 잡는다. 다른 사람들의 불편에 '마음자리'를 내줄 수 있는 사람, 그래서 불편함을 개선해 보고자 하는 사람이 있다. 인권 유린, 부정부패, 기후 위기, 생태 파괴, 부의 불균형 등 이런 게 신경 쓰이는 사람들은 그것을 바꿔보려고 무엇이라도 하게 된다. SNS에서 '플로깅'하는 사람들이 보인다. 그들은 건강달리기나 산책을 하면서 쓰레기를 줍는다. 노동자들의 인권을 무시하는 기업의 제품을 사지 않는 사람들도 있다. 어떻게든 노동권에 영향을 줄 것이라 믿는다. 동물성 소재를 쓰지 않는 비건 패션을 지향하는 사람들도 있다. 시인 중의 한 명은 반려견의 권익에 관심이 크다. '분양보다 입양'을 하라고 강권한다. 이렇게 세상을 바꿔 가는 일들은 저절로 이루어지지 않는다.

주체적으로 일을 이끌어가는 사람들이 있다. 직업의 자리에서 꾸준히 선한 일들을 찾아가는 사람들이다. 지금 나와 내 가정의 평안과 행복은 이런 사람들의 성실함과 노력과 용기 위에 놓여 있다. 믹 잭슨의 『우리가 잠든 사이에』라는 그림책에는 밤에 일하는 사람들이 나온다. 누군가는 낮에 운행했던 버스를 청소하느라 바쁘고, 누군가는 택배 물건을 싣고 밤새도록 달려 새벽 배송을 하느라 바쁘다. 소방관들은 비상 상황을 대기하고 있고, 병원에서는 의사와 간호사들이 밤새 환자들을 돌본다. 엄마, 아빠는 잠 못 드는 아기의 기저귀를 갈거나 젖을 먹이느라 잠을 못 잔다. 밤새워 일하는 사람들로 인하여 낮에 움직이는 사람들은 좀 더 편한 삶을 살아간다. 밤에 일하는 사람은 그들 나름대로, 낮에 일하는 사람 또한 나름대로 각자의 자리에서 사회를 지탱하고 있다. 그만큼 서로 배려하고 존중하는 사회 분위기가 형성되어야 한다.

아무도 관심 두지 않는 지하 터널 안 나무에 새 생명을 주려고 애쓰는 모스 아저씨의 모습은 감동을 준다. 그 사랑을 먹고 나무는 쑥쑥 자라 지상까지 올라가서, 시민들에게 그늘을 제공하고, 포근한 쉼터가 되어 준다. 아저씨는 아주 오랫동안 지하 정원의 정원지기가 된다. 까만 수염이 흰 수염이 될 때까지 묵묵히 지하철역을 청소하고 지하 정원을 가꾼다. 세상에는 자기 할 일은 제대로 하지 않은 채, 돈, 명예, 권력, 쾌락에만 관심을 집중하며 사는 사람도 있다. 그러나 세상을 바꾸고 지켜내는 것은 모스 아저씨와 같이 성실하고 묵묵한 발걸음이다. 다행스럽게도 인간에게는 꽤 고결한 구석이 있다. 이름도 빛도 없이 다른 이들을 위해 사는 사람들 덕분에 인류가 멸망하지 않았다. 모스 아저씨처럼 남이 보거나 보지 않거나, 성심을 다해 일할 때 조용한 혁명은 시작된다. 무슨 일을 하든, 우리의 직업은 작은 혁명의 자리이다.

루터는 직업을 '하나님으로부터 받은 소명'이라고 했다. 이 말을 조금 무겁게 받아들이면 절대 직업을 바꾸지 못할 것 같다. 노동자는 평생 노동자여야만 하고, 사장이 되면 안 되는 걸까? 그럴 수도 없고, 그래서도 안 된다. 현대인은 살면서 여러 직업을 갖는다. 그렇다고 그것이 하나님께서 주신 소명을 소홀히 하는 것은 아니다. 원래 직업 소명설은 중세라는 사회적 맥락 속에서 주장되었다. 당시 가톨릭은 성직과 세속적 직업을 나누고 서열화·등급화했다. 그러나 루터는 성직 우월주의를 반대했다. 모든 사람이 자신의 직업에 충실하면 그것으로 하나님께 영광이 되는 것이지, 성직자가 되어야만 더 큰 영광을 돌리는 것은 아니라고 주장했다. 루터는 모든 직업의 평등성을 강조한다. 그리고 직업윤리, 곧 직업을 대하는 태도에 대해 이렇게 말한다. "모든 사람은 자신이 속한 가정의 자리와 직업 가운데서 자부심을 가지고 성실하게 임할 필요가 있다." 루터는 돈 때문에 직업을 바꾸는 것에 대해 반대했다. 책임 의식을 갖고 직업을 대하길 바랐다.

직업 소명설이 부당하게 악용된 시절도 있었다. 루터 이후 개신교 사회에서는 직업 소명설로 인하여 자본가들의 자본 축적이 명분을 갖게 된다. 자본가의 역할도 소중한 것이 되었으니 당연한 결과였다. 따라서 노동자들이 노동 대가를 적게 받아도 상사에게 대들거나 이의를 제기할 수 없었다. 그것은 불경한 행위였고 그 사람은 죄인으로 취급받았다. 노동자들에게는 근검절약과 성실이 요구되었다. 직업 소명설은 노예제도에도 영향을 주었다. 노예 주인들은 노예가 주인에게 충성하는 것이 소명이라고 했다. 실제로 많은 그리스도인이 노예제를 찬성했고, 그것은 성경에 근거한다고 생각했다. 하지만 루터는 직업 간 이동에 관해 인정했다. 당시 중세 사회에서 신분 **상태**가 고착되는 것을 막기 위함이었다. 그는 누구든 **교육**을 통하여 직업을 **변경**할 수 있고, 사회적 신분의 상승도 가능하다고 보았다. 사람들이 다양한 직업을 찾을 수 있도록 정부와 사회가 도와주어야 한다고까지 말했다. 루터의 직업 소명설의 핵심은 직업에 대한 기본자세가 '자신의 일상적 일을 사랑하

고 만족하는 삶과 타인을 위한 봉사의 삶과 하나님 앞에서 책임 있게 살아
가는 삶의 태도'에 놓여 있어야 한다는 것이었다.

　꿈은 재산획득의 수단으로서가 아니라 공동체 속에서의 자아실현의 방
편이다. 공동체를 이롭게 하는 꿈을 꿀 수 있도록 교육되어야 마땅하다. 모
두 편하고 존경을 받는 일만 할 수는 없다. 기피 업종도 꼭 필요한 일이기 때
문에 그만큼의 인정과 보수는 당연하다. 사농공상의 시대착오적인 불평등
을 넘어 모든 직업이 균형과 조화를 이루는 세상이면 좋겠다. 사람은 꽃보다
아름답고 천하보다 존귀하다. 이러한 생각이 자본주의 시대에서는 급료로
반영될 텐데, 급료가 천지 차이인 것은 옳지 않다. 경제적 '평균의 종말'이 요
청된다. 서로의 필요성을 인정하고 존중할 때 간극은 좁혀지고 모두가 사람
답게 사는 세상이 될 것이다.

> 하나님이 우리를 구원하사 거룩하신 소명으로 부르심은
> 우리의 행위대로 하심이 아니요,
> 오직 자기의 뜻과 영원 전부터 그리스도 예수 안에서
> 우리에게 주신 은혜대로 하심이라 (디모데후서 1:9)

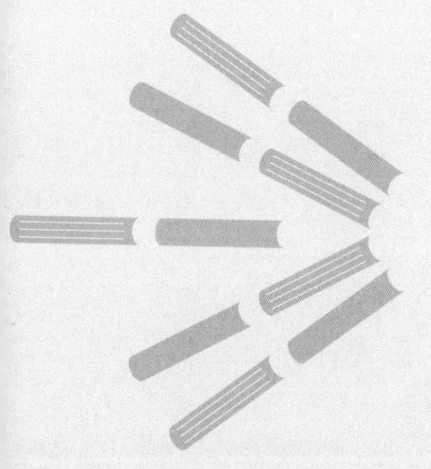

꿈은 재산 획득의 수단으로서가 아니라 공동체 속에서의 자아실현의 방편이다. 공동체를 이롭게 하는 꿈을 꿀 수 있도록 교육되어야 마땅하다.

▌그림책 톺아보기

1. 지하철 터널에서 고약한 냄새가 났습니다. 다음날부터 모스 아저씨는 터널 안으로 들어가 청소를 시작하는데요. 당신은 그런 아저씨의 모습을 어떻게 생각하시나요?

2. 어둡고 차가운 터널 안에 아저씨만의 아담한 정원이 생겼습니다. 거기에 앉아 책을 읽고 있는 아저씨가 어떻게 보이시나요?

3. 당신은 환기구 덮개 위로 솟아난 나무를 보면서 어떤 느낌이 드시나요?

4. 백발이 성성해질 때까지 성실히 일하는 모스 아저씨의 모습을 어떻게 생각하시나요?

삶을 변화시키는 질문

1. 당신의 직업은 세상에 어떤 유익을 주나요?

2. 왜 어떤 직업은 다른 어떤 직업보다 더 낮게 여겨질까요?

3. 당신이 다른 사람의 직업을 대할 때 가져야 할 태도는 어떤 것인가요?

4. 당신의 직업을 통해 하나님께 영광 돌리는 방법은 어떤 것이 있을까요?

I. 나를 돌아봅니다

『샘과 데이브가 땅을 팠어요』
맥 바넷 글 / 존 클라센 그림
서남희 옮김 / 시공주니어

나의
사명은
무엇일까요?

　　우리가 사는 도시는 말끔한 척 괜찮아 보일 수 있겠지만, 바다와 하늘에 엄청난 쓰레기가 쌓이고 있다. 매년 바다에 버려지는 쓰레기가 천사백만 톤이나 되고, 백 조 개가 넘는 우주 쓰레기가 지구 주위로 날아다니고 있다고 한다. 영화 <승리호>에서처럼 고장 난 위성 등 우주 쓰레기를 수거하는 우주선이 2023년에 실제로 만들어졌다고 한다. 우주 쓰레기를 처리하지 않으면 더 이상 우주로 진출하지 못할 수도 있다고 한다. 세상에는 만들어진 '존재 의의'를 다하지 못하고 버려지는 물건들이 산더미다. 물건에 감정이 있다면, 사람이 버릴 생각을 하고 바라볼 때, 무척이나 슬플 것이다.

　　사람도 세상에 존재하는 이유가 있다. 학창 시절, 우리는 생일 맞은 친구를 앞에 두고 "왜 태어났니?"를 열창했다. 후렴구에서는 "OO도 못 하면서 왜 태어났니?"라고까지 하곤 했다. 'OO'에는 연예, 공부, 운동 등 친구가 잘하지 못하는 것을 넣었다. 지금이라면 언어폭력이라고 했을 말들이다. 그렇지만,

이 노래는 생일을 맞아 '존재 의의'를 생각해 볼 기회가 되기도 했다. 우리는 존재 의의, 즉 '사명'에 대한 뚜렷한 인식 없이 '그냥' 살아간다. 일주일이 금세 지나가고, 한 달, 일 년이 훌쩍 흘러간다. 가끔 일상을 멈추게 하는 일들이 생긴다. 질병, 사고, 관계의 틀어짐, 실직, 자녀 문제 등등. 고통과 고난이 오면, 그제야 자신의 사명에 대해 고민한다.

그림책의 제목에서 바로 보이듯이 월요일에 샘과 데이브는 땅을 파기 시작한다. 언제까지 파냐는 샘의 질문에, 데이브는 "어마어마하게 멋진 것"을 찾아낼 때까지 파야 한다고 대답한다. 둘은 땅속 깊숙한 곳까지 파 내려갔지만, 어마어마하게 멋진 것을 찾아내지 못했다. 그들은 계속 더 파 내려갔다. "어쩌면 계속 밑으로만 파는 게 문제일지도 몰라." 그들은 옆으로 파기 시작했다. 조금 파다가 서로 다른 방향으로 파 보기로 했다. 그러다 다시 만난 그들은 아래로만 파는 게 낫겠다고 생각했다. 그들이 파고 있는 동안 집채만 한 다이아몬드가 땅에 파묻혀 있는 게 보인다. 바로 옆에 있는데 그들은 보지 못하고 방향을 바꿔 다른 쪽 땅을 파고 파고 또 팠다. 그들은 지쳤고, 까무룩 잠에 떨어졌다. 그러는 사이, 같이 간 강아지가 뼈다귀 냄새를 맡고 땅을 파 내려갔다. 너무 깊이 팠던 걸까? 그들은 아래로, 아래로 떨어졌다. 그리고 부드러운 흙 위에 털썩 내려 앉아 외친다. "정말 어마어마하게 멋졌어."

샘과 데이브는 계속 보석을 비껴간다. 좋은 기회들이 바로 앞에 있는데, 그 기회를 잡지 못하고 계속 놓치는 것처럼 보인다. 그들이 계속 밑으로만 팠으면 어떻게 되었을까? 사회학자 지그문트 바우만은 현대인들이 "어느 한 가지 정체성, 장소, 공동체에 스스로 묶어두기를 원치 않는다."라고 했다. 대신 요즘은 다른 양상의 '전념'이 떠오르고 있다. 젊은 세대에서 유행하고 있는 '과몰입'이다. 과몰입은 "과도한 몰입을 통해 자기를 찾고, 발견하고, 표현하고 과시하는 것"을 표현하는 말이다. 김난도는 『트렌드 코리아 2023』에서 이러한 현상에 "디깅모멘텀"이라는 이름을 붙였다. "특정 대상을 깊이 파고들어가 종국에는 자기 존재를 발견하는 경지에 이른다는 점을 중의적으로 표현"한 것이라 한다. 비슷한 결로 '덕후'라는 표현도 사용된다. 어떤 분야에 몰두해 전문가 이상의 열정과 흥미가 있는 사람을 말한다. 특정 분야를 깊이 파는 행위로 인한 결과가 자기 존재의 발견이라는 것이 흥미롭다.

샘과 데이브가 땅을 파는 행위는 삶의 여정과 같다. 출발할 때의 장소와 도착할 때의 장소가 비슷한 듯 다르다. 아마도 오랜 시간이 지나갔음을 표현한 듯하다. 둘은 생사고락을 같이하며, 오랫동안 자신들의 일을 하고 있었다. 특히 데이브는 '어마어마하게 멋진 것'을 찾을 때까지 파는 것을 '사명'이라고 말한다. 사명을 성실히 해내는 것은 어마어마하게 멋지다고 할 수 있다. 사명은 천만금을 주어도 바꿀 수 없다. 사명을 잃어버리면 삶이 무너지기 때문이다. 샘과 데이브는 밥을 먹고 나서 또다시 땅을 파기 시작할 것이다. 명확한 사명을 발견하고 그것에 맞게 살아가는 사람은 멋지다.

"목숨도 아끼지 않겠소. 나를 보내주오." 이권희의 찬양 〈사명〉의 후렴구이다. 듣는 사람이나 부르는 사람에게 비장함을 품게 하는 마력을 지닌 노래다. 사명을 위해서라면 목숨도 아끼지 않겠다는 가사 때문에 나는 한동안 죄책감 아닌 죄책감으로 살았다. 한때 선교사 후보생이었지만, 지금은 다른 형태의 선교 사명을 감당하고 있다. 선교지는 해외에만 있는 것이 아니며, 선교의 형태도 다양하다. 어떤 이는 전통적인 교회 개척을 하고, 어떤 이는 비즈니스 사역을 한다. 스포츠, 문화, 의료, 예술 등 다양한 분야에서 선교가 이루어진다. 그리스도인이라면 누구든 '복음 전도에 대한 사명 의식'이 있을 것이다.

그리스도인의 사명은 '하나님을 영화롭게 하고 영원토록 그분을 즐거워하는 것'(웨스트민스트 소요리문답 제1문)이다. 기계적으로 외우고 있지만, 실천적인 면은 진지하게 고민하며 살지 못했다. 개인적으로 영광 받을 일이 생길 때, 그것을 하나님께 돌리면 되는 것이라고 막연히 생각했다. 연예인들이 수상할 때 말하는 것처럼 말이다. 하나님께서 우리에게 사랑하라고 하셨으니까, 사랑하면 부르심에 응답하는 것이라 여기기도 했다. 고린도전서 10장 31절 말씀에서는 "먹든지 마시든지 무엇을 하든지 다 하나님의 영광을 위하여 하라."라고 하셨다. 선교에 목숨을 바쳐야만 하나님을 영화롭게 하는 건 아니다. 삶의 모든 영역에서 신실하게, 최선을 다해 살면 되는 것이다.

여기서 우리가 주의할 점은, 추상적인 단어만으로는 하나님께서 영광을 받으실 수 없다는 것이다. 비슷한 맥락으로 C. S. 루이스는 『스크루테이프의 편지』에서 우리에게 경고한다. "내가 맡은 환자 중에는 아내나 아들의 영혼을 위해서는 열렬한 기도를 쏟아 놓다가도, 진짜 아내나 아들에게는 기도하던 그 자리에서 곧바로 욕설과 폭력을 서슴지 않는, 무척 길이 잘 든 인간들이 있었다." 영혼을 위해 기도해주는 것은 귀한 일이다. 그러나 실천적 삶과 연결되지 않으면, 그것은 '울리는 꽹과리'일 뿐이다. 성도들은 교회 용어를 습관처럼 말하고, 무슨 의미인지 잘 모르고 쓰는 경우가 흔하다. '사랑'하라고 하니까 사랑은 해야겠는데, 정작 '사랑'이 뭔지 설명하기 어렵다. "예수님처럼 사랑하는 건 어떤 것인가요?", "초대교회 성도들의 모습처럼 이웃을 사랑해야 할까요?", "우리가 사랑해야 하는 이웃은 누구인가요?", "원수도 사랑하라 하셨는데, 나의 원수는 누구인가요?", "하나님께 받은 사랑은 무엇인가요?" 날마다 이런 질문을 나에 던지지 않으면 사랑과 멀어질 것 같다.

어마어마하게 멋진 사명은 직접 손에 삽을 들고 땅을 파는 것이다. 삽을 들고 허공에 휘두르는 짓은 그만해야 한다. 구름 위에 둥둥 뜬 말, 뭔가 근사한 말, 반짝이는 말, 멋진 말보다, 삽을 잡은 두 손이 사명에 응답해야 한다. 사명은 귀찮아하는 마음을 너끈히 이기는 의지이고, 피곤을 이기는 고귀한 아침 기상 같다. 인간의 가장 숭고한 사명은 사랑의 '실천'이다. 사랑은 자발적인 헌신을 희생이라 생각하지 않고 몸을 쓰고 마음을 쓰는 것이다. 우리는 다른 이의 손과 등을 토닥이기 위해 태어났다. 혼자가 아니라 우리로, 공동체로 태어났다.

> 형제들아 너희는 각각 부르심을 받은 그대로
> 하나님과 함께 거하라 (고린도전서 7:24)

▎그림책 톺아보기

1. 당신은 어마어마하게 멋진 것을 찾아낼 때까지 파는 것이 사명이라는 말을 어떻게 생각하시나요?

2. 샘과 데이브가 계속 땅을 파는데, 다이아몬드를 자꾸 비켜 갑니다. 어떤 느낌이 드시나요?

3. 샘과 데이브가 아래로 떨어지고 둘은 동시에 어마어마하게 멋졌다고 합니다. 샘과 데이브가 어마어마하게 멋지다고 생각하는 것은 무엇일까요?

4. 샘과 데이브가 땅을 파기 전과 후 배경은 다릅니다. 풍향계, 화분, 마당의 나무가 달라졌는데요. 당신은 그 변화를 어떻게 생각하시나요?

삶을 변화시키는 질문

1. 당신의 '존재 가치'는 어디에 있나요?

2. 당신의 사명을 찾으려면 어떻게 해야 할까요?

3. 당신이 사랑해야 할 사람들은 누구인가요?

4. 하나님께서 지금 내게 주신 '소명'은 무엇인가요?

『키오스크』
아네테 멜레세 글·그림
김서정 옮김 / 미래아이

떠나야
하나요?
남아야
하나요?

"이 일이 나에게 맞는 걸까?", "이 사람과 계속 함께 살 수 있을까?", "이곳을 떠나야 할까, 남아야 할까?"

느닷없이 이런 질문들이 엄습할 때가 있었다. 힘겨운 결정의 순간은 허들 경기와 같이 고비마다 나타났다. 때로는 허들과 같이 넘어지기도 했고 돌아가기도 했으며 경기를 포기하려던 때도 있었다. 결혼 후 열 번을 이사하고, 여덟 군데의 직장을 전전했다. 문득 교회와 직장과 지역사회에서 만났던 사람들이 떠오르고, 특정 장소에서의 추억들이 집요하게 나를 괴롭히기도 했다. 이사와 이직이 운명인 양 주민등록등본의 페이지 수를 늘려갔다. 가치관과 신념이 때마다 변했고, 인간관계에 서툴러서인지 한 가지 직업이나 장소, 공동체에 눌러앉기가 쉽지 않았다. 어떤 결정 후에는 언제나 더 나은 게 있을 것 같았고, '가지 않은 길'은 항상 더 좋아 보였다. 한 분야를 오랫동안 지킨 사람들에게 가만히 머리가 숙어진다. 결혼 50주년, 정년퇴직, 대를 잇는 장인, 70년 전통 식당 등등. 그들이 어떠한 마음으로 그 자리를 지켰을지 궁금하다.

『키오스크』의 주인공 올가는 '키오스크'에 산다. 좁은 키오스크에서 날마다 손님들을 만나고 생계를 이어간다. 올가는 키오스크에서 나가고 싶어도 뚱뚱한 몸이 끼어 나갈 수가 없다. 물리적으로 이직과 이사가 불가능한 상태다. 그런 올가에게 세상이 뒤집히는 일이 생긴다. 키오스크가 넘어져 올가가 키오스크 바닥으로 충분히 빠져나올 수 있게 된다. 그런데 올가는 밖으로 나오지 않는다. 대신 키오스크를 들고 일어나서 '산책'을 하러 간다. 이해할 수 없는 희한한 장면에 관광객들이 사진을 찍는다. 도대체 올가에게 키오스크가 무엇이기에 그렇게까지 집착했을까?

이십 대 후반, 없는 살림에 결혼하고 애를 낳으니 자유가 줄고 책임이 늘었다. 집안의 경제적 필요도 커졌다. 좀 더 큰 집을 구하고 살림살이를 들이려니 계속 더 나은 일을 해야 했다. 전직은 늘 넘어야 하는 큰 산이었다. 그 앞에서 오르기를 주저했고 넘어서도 두려움과 불안감이 달갑지 않게 따라붙었다. 그래도 새로운 직장을 계속해서 얻어야 했고, 직장을 잃는 건 상상조차 할 수 없었다. 키오스크는 올가의 경제적 필요를 채워주는 직장이었다. 그러니 쉽게 벗어날 수 없었을 것이다. 올가가 자리를 옮겨 바닷가에서 계속 생활을 유지할 수 있었던 것도 키오스크라는 든든한 일터가 있었기 때문이다.

하지만 키오스크를 벗어나지 못하는 게 단지 경제적인 이유만은 아니었을 것이다. 키오스크에는 단골들이 있었다. 올가는 아침마다 달리기하는 남자에게 물병을 내밀었고, 맨날 연애에 실패하는 여자에겐 하소연을 들어주었다. 올가는 물건만 팔지 않았고, 단골과 관광객의 필요를 맞춤형으로 채워주었다. 그러던 어느 날, 올가가 결과적으로 이직을 하게 되는 사건이 생긴다. 키오스크를 들고 산책하던 올가가 강물에 빠져 바닷가로 흘러간 것이다. 단골들은 그곳에도 나타난다. 도심에서 달리기하던 남자는 모래밭을 달렸고, 연애에 늘 실패하여 여성잡지에서 도움말을 찾던 여자는 남자와 같이 놀러 왔다. 산책하는 올가를 강물에 빠지게 했던 강아지와 그 주인도 찾아왔는데, 올가는 원망하는 기색 없이 반갑게 맞아준다.

직장에서 일을 하면서 가장 신경 쓰이는 부분은 사람이었다. 사람 때문에 하던 일을 관두기도 했지만, 사람 때문에 떠나는 것을 주저하기도 했다. 때로는 그 '사람' 때문에 매몰차게 이직과 이사를 결정하기도 했다. 이전에는 새로운 곳으로 떠나는 것을 개의치 않았지만, 이제는 한곳에 정착하고, 사람들과 오랫동안 관계를 쌓으며, 한 가지 일에 전념하는 것이 필요하다고 느낀다. 피트 데이비스는 그의 저서 『전념』을 통해 우리가 '무한 탐색 모드'에서 벗어나 자발적으로 '전념하기'를 선택해야 한다고 말한다. 우리는 좀 더 깊게, 길게, 충실하게, 진득하게 '신념과 기술, 장소와 공동체, 직업과 사람들'에 전념해야 한다. 전념에는 헌신이 필요하다. 밀란 쿤데라는 헌신의 부재로 인간이 '공기보다 가벼워졌으며, … 반만 실존하는' 존재가 되어버렸다고 했다.

올가는 공동체에 헌신적인 사람이고, 자신의 역할에 전념한 사람이다. 자기에게 알맞은 자리를 찾고 그 자리를 진득하게 지키는 일은 아무나 할 수 있는 일이 아니지만, 누구나 시도해 볼 가치가 있다. 올가가 자신의 자리를 지키며 희생만 한 것은 아니다. 사람들과 함께할 때 기쁨이 있었다. 다른 이들에게 도움이 된다는 생각은 삶에서 잔잔한 기쁨의 원천이 된다. 그 기쁨을 알고 공동체를 이루어가는 사람은 좀 더 의미 있게 살아갈 수 있지 않을까.

올가처럼 자기 자리를 묵묵히 지킨 성경 인물로 다니엘을 꼽을 수 있다. 그는 어렸을 때 바빌론으로 끌려갔다가 느부갓네살 왕의 꿈을 해석해서 높은 관직에 올랐다. 그는 왕조가 바뀌는데도 계속해서 고위 공직자의 자리를 지켰다. 그런데 다니엘은 자기 나라를 멸망시킨 적국을 위해 일하면서 어떤 감정이었을까? 에스라나 느헤미야처럼 왕에게 부탁해서 이스라엘로 돌아갈 수도 있었을 텐데 다니엘은 그러지 않았다. 동족들은 다니엘을 욕했을지도 모른다. 그래도 그는 적국에서 자기 자리를 지켰고, 그곳이 다니엘의 키오스크였다. 마음이 편하든 그렇지 않든 지켜야 하는 자리의 무게가 느껴진다. 그는 바빌론과 페르시아의 신들과 문화 속에서 살았지만, 하나님을 향한 신앙은 변치 않았다.

다니엘을 통하여 느부갓네살 왕은 '하늘의 왕' 하나님을 찬양했다. 그는 '지극히 높으신 이가 사람의 나라를 다스리시며' 자기 뜻대로 왕을 세우신다는 것을 명확히 알게 되었다. 다니엘이 사자 굴에 들어갔을 때, 다리오 왕은 이렇게 말했다. "네가 항상 섬기는 너의 하나님이 너를 구원하시리라." 다리오 왕은 밤새 금식했고 잠자기를 마다했다. 그리고 이튿날 새벽에 사자 굴을 향해 급히 달려갔다. 왕은 살아 있는 다니엘을 보고 매우 기뻐하며 하나님을 찬미했다. 그는 자기 통치권 아래 있는 모든 백성과 나라들에 조서를 내려 하나님께서 다니엘을 구원하셨음을 알렸다. 다니엘은 하나님께 전념하며 왕을 비롯하여 수많은 사람에게 선한 영향을 끼쳤다.

한 자리를 지킨다는 것은 어찌 보면 미련한 선택일 수 있다. 분명히 어딘가에 더 좋은 자리가 있을 수 있다. 백만분의 일의 확률로 그런 자리를 만나기도 한다. 하지만 나 역시 과거를 되돌아보면, 지금까지 내 마음에 딱 맞는 자리는 없었다. 그러니 조건에 맞는 자리를 찾기보다는 주어진 자리에서 어떤 태도를 보여야 할지를 생각해야 했다. 어떤 자리든 기쁨만 있지 않았다. 회의와 염증, 후회와 분노, 좌절과 실망으로 못 견디고 옮겨야 할 때가 있었지만, 그것을 뛰어넘어 평안을 맛볼 때도 있었다. 그때마다 사랑하는 사람들이 큰 힘이 되었다. 내 자리는 공동체 속에 있었다.

여기저기 탐색하고 떠돌아다니는 이들 역시 공동체에 속해 있겠지만, 그들에게 헌신과 충실함을 찾아보기 힘들다. 전념해야 깊이가 생기고, 깊어지면 다른 이들에게 선한 영향을 끼칠 수 있다. 헌신하지 않으면 제대로 실존할 수 없다. 뿌리 깊은 나무가 바람에 넘어지지 않듯이 영혼의 깊이를 가진 사람은 웬만한 역경에도 버틸 수 있다. 함께 살기 위해 깊어지고, 함께 누리기 위해 전념하는 삶이 아름답다.

> 다니엘이 이 조서에 왕의 도장이 찍힌 것을 알고도 자기 집에 돌아가서는 윗방에 올라가 예루살렘을 향한 창문을 열고 전에 하던 대로 하루 세 번씩 무릎을 꿇고 기도하며 그의 하나님께 감사하였더라 (다니엘서 6:10)

그림책 톺아보기

1. 올가는 키오스크 안에서 손님들과 만나고, 생활하고, 잡지를 보면서 꿈을 꿉니다. 당신은 올가의 삶에 대해 어떻게 느끼시나요?

2. 키오스크가 넘어지고 올가의 세상이 뒤집혔습니다. 하지만 올가는 키오스크에서 나오지 않고 키오스크를 들고 산책하러 나갑니다. 당신은 올가의 이런 행동에 공감하시나요?

3. 올가는 강물에 빠지고 흘러가면서 점점 미소를 짓습니다. 바다에서 떠다닐 때는 활짝 웃는데요. 당신은 그런 올가의 모습을 어떻게 생각하시나요?

4. 바닷가에서 올가는 행복한 모습으로 석양을 바라봅니다. 그런데 올가 앞에는 산이 그려진 『TRAVEL』 잡지가 놓여 있습니다. 앞으로 올가의 삶은 어떻게 될까요?

삶을 변화시키는 질문

1. 당신이 요즘 '전념'하는 것은 무엇인가요?

2. 변화의 기회가 왔을 때, 당신은 어떠한 태도를 보였나요?

3. 당신이 지켜야 할 자리는 어떤 것들이 있나요?

4. 하나님이 원하시는 나의 자리는 어디일까요?

Ⅰ. 나를 돌아봅니다

『마음정원』

김유경 글·그림

오올

아픈 마음, 내버려 둬도 되나요?

회사에 다니던 시절, 회식문화를 바꿔보자는 사원들의 요청에 같은 팀 동료들과 영화를 보러 간 적이 있었다. 나는 영화가 시작되고 끝날 때까지 눈물, 콧물을 다 쏟으며 훌쩍였다. 같이 간 동료들은 물론 주변 사람까지 모두 나를 이상하게 쳐다보았다. 어떤 여자는 '별꼴이야.'라면서 그만 울라고도 했다. 장동건 주연의 〈태극기 휘날리며〉가 그렇게 슬픈 영화는 아니다. 하지만 나는 눈물이 앞을 가렸었기에 영화 내용도 잘 기억나지 않았다. 다만, 장동건과 사랑하는 동생 원빈의 우애와 갈등이 슬프게 그려졌던 것으로 기억할 뿐이다. 나에게는 죽은 동생이 하나 있다. 동생의 죽음 앞에서 나는 별로 눈물을 흘리지 않았다. 외국에서 급히 귀국해야 했고, 불의의 사고로 자식을 잃은 엄마가 인사불성이셨기 때문에 나 역시 정신이 없었다. 동생과 친하지 않았던 것도 아닌데, 눈물이 안 나도 그렇게 안 날 수가 있을까 싶은 정도였다. 동생이 죽고 3년이 지난 어느 날, 그날의 눈물은 가뭄에 봇물 터지

듯 당황스러운 일이었다. 그날 이후로 동생을 생각하면서 울지는 않지만, 슬픔이 완전히 사라지지는 않았다. 다만 그 눈물이 억눌렸던 슬픔을 달래고 쓰다듬어 진정시켰을 것이라 짐작한다.

'시간이 해결해준다.' 인생의 단맛 쓴맛을 다 본 사람이 달관한 도인처럼 하는 말이다. 고통 속에서 괴로워했던 경험도 시간이 지나면 흐려지고 잊히기 마련이니 슬퍼하지 말라는 말 같기도 하다. 그 정도면 됐다고, 얼른 마음을 추스르라고 하는 위로의 말이겠지만 마음이 아픈 사람에게는 어쩌면 하지 말아야 하는 말이다. 아픔이 대못처럼 박혀 있는데, 아무 일 없다는 듯이 웃을 수 있을까?

『마음정원』에는 웃는 모습이 참 예쁜 정원이가 등장한다. 밝고 친절하고 배려심 많고 따뜻한 친구 정원이는 하루와 마음 여행을 하고 있었다. 어느 날, 정원이가 많이 아팠다. 하루는 쓰러진 정원이를 동굴 안으로 옮겼다. 그녀는 도움을 요청하러 달리고 또 달렸다. 그러다 아주 낯선 곳에 도착했는데, 그곳은 정원이의 마음 정원이었다. 정원이는 마음 정원의 한가운데서 얼음꽃과 씨름하고 있었다. 무섭고 힘들고 슬픈 기억이 만든 얼음꽃 때문에 정원이의 소중하고 따뜻한 기억들이 병들어 가고 있었다.

정원이의 마음 정원을 보면 우울증이 떠오른다. 우울증에 걸린 사람은 끊임없이 '반추'를 한다. 불행, 슬픔, 좌절, 분노, 후회 등 부정적인 사건과 감정을 곱씹는다. 그렇게 더 깊이 파고 들어가 상상력을 더해 거부할 수 없는 괴물을 만든다. 스티븐 일라디는 『나는 원래 행복하다』에서, 우울감에서 벗어나기 위해서는 하루에 몇 번이나, 또 시간으로는 어느 정도나 '부정적 반추'를 하고 있는지 자신을 살펴봐야 한다고 말한다. 그리고 반추가 시작될 때

한시라도 빨리 다른 생각으로 전환하거나 어떤 행동이든 해야한다고 주장한다. 이때 주변 사람들의 도움이 필요하다. 에밀리 나고스키 박사는 TED 강연에서 감정을 '터널'이라고 표현했다. 우울이라는 감정도 언젠가 끝난다는 것이고, 그것을 뚫고 지나갈 수 있다는 말이다. 하지만 우울증이나 번아웃은 스스로 해결할 수 없어서 공동체에서의 '사랑의 보호막'이 필요하다. 주변의 관심과 사랑을 받고, 받은 것을 나누어야 한다. 정원이는 혼자 쓰러졌지만, 하루와 둘이 함께 일어났다.

정원이는 '착한 아이 증후군'을 가진 사람처럼 보인다. 속으로는 아픈데, 애써 웃고 남을 배려해야 한다는 강박은 자신을 힘들게 한다. 다른 사람의 평가를 의식하여 자신의 실제 마음과 다른 행동을 하는 것이다. 인격과 언행의 격차가 커지면 커질수록 영혼은 고통스럽기 마련이다. 정원이의 아픈 기억은 결국 곪아 터졌다. 보살피지 않은 아픔은 독버섯처럼 끊임없이 영혼을 괴롭힌다. 아프면 아프다고, 쓰러지기 전에 표현했다면 어땠을까. 그것이 누군가에겐 자존심을 깎아내리는 것이라 해도 말이다. 아프니까 사람이다. 아픔을 못 느낄 수는 있어도, 아프지 않은 존재는 없다. 진정한 선을 실천하려면, 자기 자신의 상태에도 귀를 기울여야 한다. 남에게는 선이지만 나에게는 악한 게 진짜 '선'일 리 없지 않은가.

마음을 괴롭히는 얼음꽃을 뽑아내지도, 잘라내지도 못한 정원이는 울면서 포기를 선언한다. 하루는 그러지 말고 쉬운 것부터 해보자고 한다. 이들은 얼음꽃의 영향을 받아 병이 든 나무를 따뜻한 기운이 남아있는 마음의 빈자리로 옮겨 심었다. 옮겨진 나무들은 금방 건강해지고 온기를 더해갔다. 얼음꽃의 크기는 그대로였지만, 영향을 줄 수 있는 영역은 상대적으로 작아졌다. 하루하루 주어진 환경에서 최선을 다한다면, 차가운 기억은 조금씩 잊힐 것이다. 물론 완전히 사라지지는 않는다. 차갑지만 나를 성장시키는 기억으로 서서히 변해갈 것이다. 아픔은 사람을 비참하게만 내버려 두지 않는다.

욥만큼 하루아침에 크고 작은 재앙을 줄줄이 경험한 사람은 없을 것이다. 그는 완전하고 진실하며 하나님을 두려워하는 사람이었다. 하나님도 인정할 정도였다. 그는 거부였고, 그의 슬하에는 아들 일곱과 딸 셋이 있었다. 그의 아들들은 번갈아 가며 누이들을 불러서 자기 집에서 잔치를 벌였다. 그러던 어느 날, 욥은 소와 나귀와 낙타들을 약탈당했고 그의 종들은 죽었으며, 하늘에서 벼락이 떨어져 양 떼와 일꾼들을 모두 불살라버렸다. 게다가 큰아들 집에 모여 잔치를 벌이고 있던 자식들이 한날한시에 죽었다. 욥은 이 모든 일에도 하나님을 비난하거나 원망하지 않았다. 그에게는 온몸에 심한 부스럼이 나서 토기 조각으로 긁어야 했다. 아내는 하나님을 욕하고 죽으라고 그를 조롱했다. 욥은 자신의 출생을 비관하기에 이른다. 그렇게 처참하게 고통을 당하고 있을 때, 친구들이 위로한답시고 찾아와서 죄 없이 망한 사람은 없다고 충고한다. 욥은 자신의 의로움을 인정하지 않는 친구들 때문에 괴로웠다. 지금까지 의롭게 산다고 살았는데, 자기에게 닥친 고난을 어떻게 이해할 수 있겠는가. 당대의 의인이라고 평가받은 욥이니까 이런 고민을 할 수 있었겠다 싶다.

그런 그에게 하나님이 찾아오신다. 하나님께서 하시는 일을 인간이 다 이해할 수 없다는 것을 각인시켜 주신다. 인간의 의는 하나님으로부터 나올 수밖에 없다는 것을 욥은 처절하게, 하지만 명징하게 깨닫는다. 이런 깨달음은 날마다 하나님께 예배하는 자에게만 가능하다.

벌거벗고 세상에 태어난 몸, 알몸으로 돌아가리라. 야훼께서 주셨던 것, 야훼께서 도로 가져가시니 다만 야훼의 이름을 찬양할지라.(욥기 1:21, 공동번역)

엘리자베스 퀴블러 로스는 "아름다운 사람은 저절로 만들어지지 않는다."라고 했다. 고통과 고난 속에서 몸부림치고 부대껴 본 사람은 실패와 상실의 빛나는 조각을 얻을 수 있다. 조개는 체내에 들어온 이물질을 체액으로 되풀이하여 감싸서 진주를 만든다. 마음속 상처도 작은 일에 대한 감사와 모든 일에 깃든 하나님의 뜻을 소망하는 마음으로 감쌀 수 있다. 그러면 상처는 아픈 흔적이 아니라 삶의 보석이 된다.

마음을 지키기 위해서는 매일 마음을 돌봐야 한다. 진정한 마음 돌봄은 자신의 정체성을 매일 마음에 새기는 것이다. '나는 누구? 여긴 어디?'의 상황이 반복되는 것은 영혼에 해롭다. 하나님과 공동체와 일터와 가정 속에서 나의 위치를 날마다 새롭게 정의해야 한다. 시야가 넓어져야 내 위치가 결정된다. 내 속으로만 침잠하면 세상은 자아로 가득 차 위치를 지정할 수 없다. 관계로 인한 아픔이 많지만, 다시 관계 속으로 뛰어들어야 한다. 하루는 영원이다. 구원은 완전함을 요구하지는 않지만, 매일의 성실함을 기대한다.

이 율법책을 네 입에서 떠나지 말게 하며 주야로 그것을 묵상하여 그 안에 기록된 대로 다 지켜 행하라. 그리하면 네 길이 평탄하게 될 것이며 네가 형통하리라 (여호수아 1:8)

Ⅰ. 나를 돌아봅니다

그림책 톺아보기

1. 정원이는 밝고 친절하고 배려심이 많으며 따뜻했고 웃는 모습도 예뻤습니다. 어떤 상황에도 밝은 정원이의 모습을 어떻게 생각하시나요?

2. 마음 정원에서 정원이가 얼음꽃과 씨름을 하고 있었습니다. 하루가 도와주기로 하지만 얼음꽃이 좀처럼 사라지지 않습니다. 당신은 이러한 과정을 어떻게 보시나요?

3. 마음 정원은 커지고 얼음꽃은 작아진 장면을 보면서 어떤 느낌이 드시나요?

4. 하루의 마음보다 더 커진 정원이의 마음을 보면서 어떤 생각이 드시나요?

삶을 변화시키는 질문

1. 당신의 마음 정원에는 어떤 꽃들이 살고 있나요?

2. 나와 함께 마음 정원을 가꾸어 줄 나의 친구는 누구일까요?

3. 매일 자신의 마음을 돌아보기에 좋은 방법은 무엇일까요?

4. 나의 마음 정원에서 예수님은 어떤 분이신가요?

I. 나를 돌아봅니다

『세 가지 질문』

톨스토이 원작 / 존 J. 무스 글·그림
김연수 옮김 / 달리

어떤
질문을
하며
살아야
할까요?

"이거 맛있어요?" 이제 막 차려진 밥상 앞에서 아들이 질문했다. "먹어봐야 알지." 요리를 한 사람은 맛이 어떤지 알 수 있지만, 나머지 사람들은 똑같이 모를 수밖에 없다. 요리사가 맛있다고 말해도 별 소용없다. 입맛은 개인차가 있으니까. 혹시 더 맛있게 만들어달라는 요구였을까? 모를 일이다. 이런 질문은 아무런 쓸모가 없다. 풀어야 할 문제에 대해 자신은 전혀 고민하지 않고 물어온다면, 그런 질문에는 대답해 주기 싫다. 인터넷 같은 곳에서 자료를 찾으면 금방 알 수 있는 질문도 그렇다. 그것은 단지 본인이 할 일을 미루는 것일 뿐이다.

나는 살면서 수많은 질문에 대답하고, 가끔 나 자신에게도 질문을 던지고 답한다. 어슐러 르 귄은 『어둠의 왼손』에서 "잘못된 질문에 대한 답을 아는 것은 아무 쓸모가 없다."라고 했다. 좋은 질문은 이미 좋은 답을 품고 있다. 그렇다면 어떤 질문이 좋은 질문일까? 류시화의 산문집 『새는 날아가면서 뒤돌아보지 않는다』에 아프리카 부족의 치료사 이야기가 나온다. 치료사는 환자에게 네 가지 질문을 한다. "마지막으로 노래한 것이 언제인가?", "마지막으로 춤춘 것이 언제인가?", "마지막으로 자신의 이야기를 한 것이 언제인가?", "마지막으로 고요히 앉아 있었던 것이 언제인가?"이다. 이 네 가지를 한 지 오래되었다면 몸과 마음이 병드는 게 당연하다는 논리다. 영혼을 위해 매우 적절한 질문이 아닐 수 없다. 나는 이 질문을 읽은 후 조용히 일어나 막춤을 추었다. 나에게 춤출 사건 따위는 거의 없으니까.

그림책 속 니콜라이라는 소년에게는 세 가지 질문이 있었다. 그는 좋은 사람이 되고 싶은데 어떻게 해야 할지 몰랐다. 단지 세 가지 질문에 대한 답을 알 수만 있다면 언제나 올바른 행동을 할 수 있을 것 같았다. "가장 중요한 때는 언제일까?", "가장 중요한 사람은 누구일까?", "가장 중요한 일은 무엇일까?"

니콜라이는 질문에 대한 답을 찾고자 현명한 거북이 레프 할아버지를 만나러 산으로 올라갔다. 레프는 밭을 갈고 있었는데, 나이가 많아서인지 힘에 부쳐 보였다. 레프는 니콜라이의 질문에 아무 대답도 없이 빙그레 웃으며 다시 밭을 갈기 시작할 뿐이었다. 니콜라이는 레프를 돕겠다면서 삽을 건네받고 밭을 갈았다. 그 후에 니콜라이는 소나기를 뚫고 어미 판다와 아기 판다를 구하기도 했다. 좋은 사람이 되고 싶었던 니콜라이는 늘 이 질문들을 자신의 삶에 던졌다. 그의 삶이 자연스럽게 올바른 방향을 향할 수밖에 없었던 이유다. 니콜라이는 '지금', '지금 자기와 함께 있는 사람', '지금 자기 곁에 있는 사람을 위해 좋은 일을 하는 것'을 성실하게 해냈다. 진부한 듯하지만, 막상 실천하려면 어렵다. 이 답들은, 매 순간을 중요하게 생각하고, 매 순간 함께 있는 사람을 소중히 여겨야 하며, 매 순간 그들을 위해 해야 할 좋은 일이 있다고 말하고 있기 때문이다. 한순간도 놓치지 않고 그렇게 살기는 어렵다. 그래서 늘 질문하는 자세가 중요하다. 작가는 이 세 가지를 두고 우리가 이 세상에 있는 이유라고 했다.

여기서 놓치지 말아야 할 것은 '목적'이다. 니콜라이에게는 좋은 사람이 되고 싶다는 바람과 올바른 행동을 하겠다는 목적이 있었다. 만약 다른 목적이 있었다면, 질문 역시 달라졌을 것이다. 쾌락이 목적인 사람은 "가장 재미있는 일은 무엇일까?"라는 질문을 할 것이고, 권력이 목적인 사람은 "어떻게 세상을 내 손안에 넣을 것인가?" 또는 "어떤 권력자에게 줄을 댈 것인가?"라는 질문을 할 것이다. 돈 버는 게 목적인 사람은 "어떻게 해야 돈을 벌 수 있을까?"라는 질문을 하면서, 구체적인 계획을 세울 것이다. 목적이 질문을 만들고, 좋은 질문은 삶의 실천으로 연결된다.

〈우리는 어디서 왔는가, 우리는 무엇인가, 우리는 어디로 가는가〉는 폴 고갱의 그림 제목이다. 이 세 가지 질문은 고갱 자신의 질문이었을 것이다. 특히 고갱은 세 번째 질문에 대해 대답하듯 타히티로 들어갔다. 더 단순하고 원초적인 사회를 찾아 떠난 여정은 여러 가지 어려움에 봉착했다. 재정적인 어려움, 질병, 딸의 죽음 등 힘든 시간을 보내며 이 그림을 그렸다. 그는 그림을 통해 삶의 본질과 의미에 대해 근본적인 질문을 던진다. 쉽게 답을 얻을 수 없는 질문이어서 그런지 그림도 난해하다. 그는 상상 속 이미지를 더해 '탄생과 죄악과 죽음'에 대해 이야기한다.

질문을 하는 사람의 삶은 그렇지 않은 사람보다 더 나을까? 알 수 없다. 하지만 분명하게도 좋은 질문을 하는 사람은 삶의 태도가 더 긍정적이다. 그런 사람은 살아있음에 감사하고, 자족하며 겸손하게 살아간다. 생각하는 것 자체가 귀찮은 사람은 남이 시키는 대로 살 수밖에 없다.

예수님이 계신 곳에는 늘 질문과 대답이 있었다. 예수님이 공생애를 시작하시면서 세간의 주목을 받자, 많은 이들이 예수님께 와서 질문을 했다. 한 율법사는 어느 계명이 크냐고 물었으며, 어떤 무리는 어떻게 해야 하나님의 일을 할 수 있냐고 묻기도 했다. 한번은 예수님이 성전에서 가르치실 때, 대제사장들과 장로들이 예수님께 나아와 질문을 했다. "네가 무슨 권위로 이런 일을 하느냐, 또 누가 이 권위를 주었느냐?"(마태복음 21:23) 이 질문을 듣고 예수님은 그들에게 역으로 질문하신다. "요한의 세례가 어디로부터 왔느냐, 하늘로부터냐 사람으로부터냐?" 질문을 받은 사람들은 난감했다. 요한의 세례가 하늘로부터 왔다고 하면 왜 그를 믿지 않았느냐고 할 게 뻔했고, 사람으로부터라고 하면 백성들이 들고일어날 것이 염려되었기 때문이다. 결국 그들은 알지 못한다고 대답했고, 그들의 질문에 대한 예수님의 답도 들을 수 없었다. 예수님은 핵심적인 질문으로 대제사장들과 장로들을 단숨에 제압하셨다.

예수님이 빌립보 가이사랴에서 제자들에게 '너희는 나를 누구라 하느냐'고 물으셨다. 그곳 사람들은 예수님을 세례 요한, 엘리야, 예레미야나 선지자 중 하나라고 했기 때문이다. 베드로는 '주는 그리스도시요 살아 계신 하나님의 아들이시니이다.'라고 대답했고, 예수님은 그런 베드로 위에 교회를 세우시겠다고 하셨다. 예수님의 질문은 베드로의 신앙고백을 끌어내셨고, 그것은 이후 모든 그리스도인의 신앙고백이 되었다.

예수님이 부활하신 후, 디베랴 호수에서 제자들에게 나타나셨을 때도 질문을 하셨다. 해변에서 조반을 챙겨 먹이면서 베드로에게 물으셨다. "네가 (이 사람들보다) 나를 더 사랑하느냐?"(요한복음 21:15, 16, 17) 중요한 질문을 세 번이나 하셨으니, 그 의미가 특별하지 않을 수 없다. 첫 번째 질문에서 베드로는 별 의미 없이 쉽게 대답했을지도 모른다. 하지만 같은 질문이 세 번이나 이어지자 근심하는 마음이 생겼다고 했다. '나를 못 믿으셔서 떠보시는 것일까?' 베드로는 마음이 슬펐을 것이다. 하지만 반복되는 질문 속에서 예수님에 대한 사랑으로 목양의 사역을 감당해야 함을 절실히 깨달았을 것이다. 예수님은 자신의 양을 치라고 베드로에게 부탁하셨다.

우리 삶에는 등대 같은 질문이 필요하다. 그것은 우리가 잠시 한눈을 팔고 엉뚱한 곳을 향하다가도 고개를 돌리면 볼 수 있는 가시적인 목표이다. 변함없는 지침이 되어야 할 뿐만 아니라 그것을 향해 나아가게 하는 질문이다. 당신은 지금 어떤 질문을 삶에 던지고 있는가? 좋은 질문을 하면 추진력이 생기고, 의미 있는 행동을 낳는다. 삶의 본질에 대해 질문하고 사유하는 사람은 그에 걸맞은 능력을 갖추게 되어 있다. 겸손과 자비와 용기와 성실을 겸비하게 된다. 당연하게도 실제로 아름다운 삶의 결과를 얻는다. 지혜로운 사람은 충고나 조언 대신 질문을 한다. 남들에게 적절한 질문을 해주고 싶다. 어떤 질문은 들은 사람의 인생을 바꾸기도 하니까 말이다.

> 너희 마음에 그리스도를 주로 삼아 거룩하게 하고
> 너희 속에 있는 소망에 관한 이유를 묻는 자에게는
> 대답할 것을 항상 준비하되 온유와 두려움으로 하고 (베드로전서 3:15)

그림책 톺아보기

1. 니콜라이의 세 가지 질문에 동물 친구들이 대답합니다. 당신은 그 대답을 어떻게 생각하시나요?

2. 레프는 니콜라이의 질문에 대답하지 않고 다시 밭을 갈았습니다. 니콜라이는 레프가 지친 것처럼 보여서 레프 대신 밭을 갈았습니다. 이 장면을 어떻게 보시나요?

3. 레프는 어미 판다와 아기 판다를 구하는 니콜라이를 바라보며 미소를 지었습니다. 레프는 왜 미소를 지었을까요?

4. 당신은 니콜라이가 가지고 다니는 빨간 연에 대해 어떤 생각이 드시나요?

삶을 변화시키는 질문

1. 당신 삶에는 어떤 '등대 같은 질문'이 있나요?

2. 질문하는 습관은 어떻게 만들어질 수 있을까요?

3. 질문이 실천과 연결되려면 어떻게 해야 할까요?

4. 당신은 하나님께 어떤 질문을 하고, 어떤 응답을 받나요?

오늘도 살아냅니다

『나는 강물처럼 말해요』

조던 스콧 글 / 시드니 스미스 그림

김지은 옮김 / 책읽는곰

어떻게
하면
온전하게
살 수
있을까요?

　　중학생 때 물난리가 난 적이 있다. 하굣길에 도로가 모두 물에 잠겼고, 버스 기사는 더 못 가겠다며 승객을 모두 내리라고 했다. 승객들은 어찌할 바를 몰랐다. 나는 물 위에 그려진 기억 속의 지도를 따라 집으로 걸었다. 온몸이 흠씬 젖었고 어깨에서는 김이 모락모락 피어올랐다. 그러던 중에 강을 만났다. 다리는 잠겨 통제되었고, 몇몇 사람들과 함께 강을 넘기 위해 상류로 올라갔다. 강은 흙탕물이었고, 온갖 쓰레기를 안고 흘렀다. 나도 쓰레기처럼 물에 쓸려갈 수 있겠다 싶었다. 다행히 금방 비가 그치고 사위가 밝아졌다. 온 세상이 고요했다. 소복이 쌓인 눈이 겨울의 삭막한 풍광을 둘러 덮는 것처럼 말이다. 이대로 죽을 수도 있겠구나 싶게 비현실적이었다. 가끔 굉음과 함께 강 표면으로 큰 쓰레기가 솟구치기도 했다. 보이지는 않지만 물 안에서 이리저리 부딪히는 것들이 많은 것 같았다. 허리까지 오는 물길을 찾아 간신히 강을 건너 무사히 집으로 돌아왔다. 학교에 갔던 동생과 나는 무사히 집에서 만날 수 있었다. 부모님이 내쉬는 안도의 한숨은 형제의 떠들썩한 무용담에 묻히고 말았다.

그림책 〈나는 강물처럼 말해요〉에는 강물 속에서 걷는 소년의 모습이 강렬한 인상을 남기는 장면이 있다. 이 책의 글 작가인 조던 스콧은 어릴 적 말을 더듬었고, 자신의 경험을 그림책으로 만들었다. 더듬거리며 말하는 아들에게 아빠는 흐르는 강물을 보며 "너도 저 강물처럼 말한단다."라고 말해 준다. 아이는 강물을 본다. '물거품이 일고, 소용돌이치고, 굽이치다가, 부딪치는' 강물은 반짝거린다. 아이는 강물에 들어갔고, 물과 하나가 된 듯하다. 아이는 친구들과 어울릴 수 없어 울고 싶고 말하기 싫을 때마다, 자기가 강물처럼 말한다는 아빠의 말을 떠올린다. 그러면서 그 상황을 이겨낼 수 있었다. 아빠의 말은 아들의 평생에 힘을 주는 말이 되었다. 그 아이는 자라서 시인이 된다. 작가는 말을 더듬는 것이 아름다운 일이라고 한다. 게다가 유창하게 말하는 것은 되레 '자기가 아니라'고도 한다. '강물처럼 말하는 사람', 그 말이 그를 만들어 왔다. 작가의 내면에서 구르고 다듬어졌던 말들은 아름다운 시의 기초가 되었다. 장애는 장해가 되지 못했다.

강물은 낮은 곳으로 흐르고, 가는 곳마다 생명을 피워낸다. 강물은 큰 바위가 있으면 돌아가고, 작은 지류들은 아래쪽으로 갈수록 합쳐진다. 바다를 향해 날마다 움직이며, 결국 바다에 도달한다. 강은 큰 바다가 대륙에 내린 미세한 뿌리들 같다. 강은 바다와 하나이다. 강물과 같은 사람은 넓지만 겸손하다. 낮은 자리를 향해 가지만, 위축되지 않고 당당하다. 우리도 강물처럼 살 수 있을까?

물의 이미지와 달리 실제 깨끗한 강물을 보는 경험은 흔치 않다. 언젠가 보았던, 하천을 청소하는 영상이 떠오른다. 물을 막고 바닥에 쌓여 있는 쓰레기들을 퍼 올리는 작업이었다. 자전거, 오토바이 같은 고철, 동전이나 보석, 시계, 가방, 플라스틱, 나무, 풀, 뼈 같은 것들이 산더미같이 나왔다. 그 많은 것을 바닥에 깔고서 강물은 시치미 떼듯 아무렇지도 않게 흘렀다. 표면은 반짝거리지만, 속내는 더러운 것으로 가득 차 있었다. 그래도 묵묵히 흘러가는 강물이 좋다. 나는 속으로 꽉 들어찬 죄악 때문에, 이렇게 살아서 뭐 하냐고, 죽음의 문을 두드리고 싶은 충동에 몇 번이나 빠지기도 했었다. 어떻게든 살아 있는 지금, 나는 살아 있는 게 좋다. 강물이 바다를 향해 오늘도 묵묵히 흐르는 것처럼, 나도 그렇게 흘러가고 있다.

파커 J. 파머는 『모든 것의 가장자리에서』에서 온전함에 관한 지혜를 나눠준다. 온전함은 완전함을 의미하지 않고 '부서짐을 삶의 총체적인 부분으로서 끌어안는' 것이다. 살다 보면 마음이 부서질 때가 한두 번이 아니다. 조각나고 너덜너덜한 마음을 추슬러서 삶의 자리로 복귀하지만, 하루하루 힘겹게 버텨내야 한다. 파머는 그런 상태조차도 삶의 총체적인 부분으로서 끌어안아야 한다고 말한다. 파머는 미국에서 존경받는 교육지도자이지만, 우울증을 세 번이나 앓았다. 그는 자기의 부서짐도, 연약함도, 우울증도 모두 자신의 삶으로 끌어안았다. 그리고 자기의 삶이 부서져 조각난 게 아니라 부서져 열린다고 함으로써 온전함으로 나아갈 수 있었다. 그는 '신앙이란 우리가 우리 모순을 온전하게 의식하면서 살도록 허락하는 것'이라고 주장한다. 겸손하게 우리의 모순과 연약함을 인정하고 하나님의 사랑을 향해 자신을 던질 때, 우리는 온전할 수 있다. 그것이 파머의 온전함이었고, 그의 신앙고백이었다. 그림책 속 말 더듬는 아이 역시 자신의 연약함을 삶의 부분으로

품었다. 버리고 없애야 하는 것으로 생각하지 않았다. 그것을 부인하면 자신은 완전할 수 없다는 것을 깨달았다. 말 더듬는 것을 아름답게 볼 수 있는 마음은 자신의 존재 자체를 그대로 끌어안는 것이다.

 기독교는 윤리 기준이 높다. 예수님의 말씀처럼, 형제에게 화를 내면 심판, 미련한 놈이라 욕하면 지옥 불, 음욕을 품고 여자를 보면 간음이다. 오른뺨을 맞으면 왼뺨도 대고, 속옷을 탐내는 자에게 겉옷도 주고, 오 리를 가게 하는 자와 십 리를 가야 한다. 원수도 사랑하라 하신다(마태복음 5:44). 이렇게 어려운 말씀들을 하시면서 우리에게 온전해지라고 하셨다. 생각이 행동을 낳는다지만, 행동을 낳기도 전에 우리는 이미 정죄 된다. 한 길 사람 속을 정확히 아시는 하나님께서 계시기 때문이다. 생각과 감정을 통제하기 어려운 인간은 하나님 앞에 필연적으로 죄인일 수밖에 없다.

 죄인의 모습은 온전함과 거리가 멀다. '이미'와 '아직'의 긴장 속에 사는 그리스도인은 사는 동안 늘 죄의 문제를 생각하며 산다. 나는 "하늘에 계신 너희 아버지의 온전하심과 같이 너희도 온전하라(마태복음 5:48)."라는 말씀을 읽을 때마다 괴로웠다. 어떻게 하면 온전할 수 있을까? 나의 멍에를 메고 주님을 따라야 하나? 나를 부인하고 십자가를 져야 하나? 머릿속으로는 가능한 일이나, 실제 삶에서는 '노답'이다. 온전함은 완벽함, 완전함이고, 아무리 생각해 봐도 나는 완벽과 거리가 멀었다. 세례를 받아도, 제자 훈련을 받아도, 선교 훈련을 받아도 채워지지 않는, 마음의 답답함이 있었다. 거룩하기를, 구별되기를, 순결하기를 간절히 바랐지만, 인간의 힘으로 가능한 일이 아님을 고백할 수밖에 없었다. 그때 예수님이 보이기 시작했다. 예수님의 십자가 죽음은 온전함과 거리가 있어 보인다. 유대인들이 지금도 예수님을 하나님으로 믿지 못하는 것은, 나무에 달리는 저주를 받은 존재를 신이라고 인정할 수 없었기 때문이다. 그렇지만 예수님은 그 모든 걸 감당하심으로 온전하셨다. 세상 죄를 지고 가는 어린양으로 너무나도 완벽하게 온전하셨다.

그리스도인은 죄를 지었다고 생각할 때 부서진다. 하지만 부서져서 열린다. 영혼이 쪼개졌기 때문에 하나님께서 들어오실 자리가 마련되었다. 처참하게 부서지면 부서질수록 더 크게 열린다. 열린 자리에 하나님께서 빛으로 들어오신다. 깨지지 않으면 담을 수 없다. 부서져야 예수님을 담을 수 있다. 파머는 "역설적으로 사는 것이 인격의 온전함에 이르는 열쇠"라고 한다. 자기모순을 끌어안는 것, 곧 모순이 있어도 삶을 살아내는 것이 온전함이다.

강은 완벽하지 않지만 온전하다. 누군가 강물이 더럽다고 욕해도 유유히 흐를 것이다. 누군가 강물이 똑바로 흐르지 않는다고 가르치려 들어도 부끄러움을 휘돌아 흐를 것이다. 온전함은 인간의 힘으로 도달할 수 있는 게 아니다. 인간의 수많은 빈틈을 하나님께서 더 큰 사랑으로 메꿔주셔야 가능하다. 자기모순이 있기에 크리스천은 예수님을 갈망한다. 언젠가 도달할, 모든 걸 다 넉넉히 받아주시는 하나님과 하나가 되고 싶은 것이다.

> 믿음의 주요 또 온전하게 하시는 이인 예수를 바라보자
> 그는 그 앞에 있는 기쁨을 위하여 십자가를 참으사
> 부끄러움을 개의치 아니하시더니
> 하나님 보좌 우편에 앉으셨느니라 (히브리서 12:2)

그림책 톺아보기

1. 소년은 아침마다 낱말들의 소리를 들으며 깨어납니다. 그리고 그 어떤 것도 말할 수가 없는데요. 그저 웅얼거릴 수밖에 없는 소년을 보면서 어떤 느낌이 드시나요?

2. 반 아이들은 소년이 자기들처럼 말하지 않는 것에만 귀를 기울이고, 소년의 얼굴이 얼마나 이상해지고 겁을 먹는지만 봅니다. 그런 아이들을 어떻게 생각하시나요?

3. "너도 저 강물처럼 말한단다."라는 아빠의 말에 대해 당신은 어떻게 생각하시나요?

4. 강물은 물거품이 일고 소용돌이치고 굽이치다가 부딪힙니다. 그런 강물과 하나 된 소년을 보면서 어떤 느낌이 드시나요?

삶을 변화시키는 질문

1. 당신의 단점이나 과거의 상처가 당신에게 어떤 영향을 주나요?

2. 다른 존재 자체를 그대로 끌어안으려면 당신에게 무엇이 필요할까요?

3. 당신이 생각하는 '온전함'이란 어떤 의미인가요?

4. 나의 부족함은 하나님께 어떻게 쓰임 받을 수 있을까요?

『미스 럼피우스』

바버러 쿠니 글·그림
우미경 옮김 / 시공주니어

나
하나
변한다고
세상이
바뀔까요?

    영화 〈옥자〉를 봤다. 동물복지에 관한 관심이 지대해졌다. 그 결과 나는 비건이 되었을까? 평생 유칼립투스만 먹는다는 토실토실한 코알라처럼 되고 싶지만, 아직은 아니다. 좁은 목장에서 풀 대신 GMO 옥수수 사료를 먹고 자라는 소들이나, 자기들의 분뇨에 빠져 있다가 폐사되어 한꺼번에 도축되는 돼지, 좁은 케이지 속 닭들의 복지는 먼 나라 이야기였다. 대량 사육, 분뇨 시슬, 식량 전쟁, 환경오염 같은 주제의 영상은 가능한 한 피했다. 눈만 찔끔 감으면 어떤 고기든 맛있게 먹을 수 있다. 아들들에게 고기 먹는 것을 조금만 줄이자고 하니 난색을 보였다. 고기반찬이 없으면 반찬이 없다며 대충 먹는 아들들이니 당연한 반응이다. 가축의 대량 사육으로 직접적인 피해를 보지 않기 때문에, 도시 주민들은 이런 문제에 둔감하다. 나도 가족들한테 스트레스 주면서 육류 소비를 줄여야 하는지 고민이 되었다. 무엇보다 나 하나, 우리 가족만 고기 안 먹는다고 세상이 바뀔 것 같지 않았다. "나 하나

물들어 풀밭이 달라지겠냐고, 나 하나 물들어 산이 달라지겠냐고" 자문하게 된다.

1955년 로자 파크스는 미국 흑인 인권운동에 불을 지폈다. 그녀는 앨라배마주 몽고메리에서 백인 승객에게 자리를 양보하라는 버스 운전자의 지시를 거부함으로써 인종차별의 부당함을 알렸다. 당시 그녀는 그냥 피곤했을 뿐이었고, 거창한 신념 같은 것은 없었다. 그러나 그녀가 경찰에 체포되고 미국 남부 지역에 고착되어 있던 인종차별 악법에 대한 버스 보이콧 운동이 시작되었다. 마틴 루서 킹 목사가 이 운동에 참여하면서 수많은 대중에게 알려지게 되었다. 그런데 그녀가 한 일은 역사상 처음 있는 일이 아니었다. 1944년에도, 1955년에도 다른 사람에 의해 비슷한 사건이 있었다. 그들의 행동은 작았지만, 세상을 흔들 만한 잠재력이 있었다.

세상을 아름답게 하려고 고민했던 소녀가 있었다. 저녁이면 할아버지의 무릎에서 머나먼 세상 이야기를 듣던 소녀 앨리스는 어른이 되면 아주 먼 곳에 갈 것이고, 할머니가 되면 바닷가에 와서 살 것이라는 포부를 말했다. 거기에 할아버지가 해야 할 일 한 가지를 덧붙여주었다. "세상을 좀 더 아름답게 만드는 일이지." 어린 앨리스는 그 일을 어떻게 해야 할지 몰랐다. 앨리스는 금방 어른이 되었고, 자신의 꿈대로 살았다. 앨리스는 다른 도시의 도서관에서 일했는데, 거기 사람들은 그녀를 미스 럼피우스라고 불렀다. 노년에 바닷가에 자리를 잡은 럼피우스는 할아버지의 말씀을 떠올렸다. 그렇지만 세상은 벌써 아주 멋지다는 생각이 들었고, 자신이 할 일은 별로 없어 보였다. 그때 그녀 앞에 보인 것은 루핀꽃이었다. 럼피우스의 근사한 생각은 매우 일차원적이고 간단했다. 자신이 좋아하는 루핀꽃의 씨를 뿌리기로 한 것이다. 럼피우스가 한 일은 겉으로는 그저 꽃씨를 사서 여기저기 뿌리고 다닌 것밖에 없어 보인다. 하지만 그 작고 간단한 일이 마을을 변화시켰고 사람들을 행복하게 했다. 무엇보다도 아이들에게 선한 영향을 끼쳤으니 큰일이라 할 수 있겠다.

조지 오웰은 1946년 〈트리뷴〉에 기고한 수필에서 나무를 심는 것은 돈도 수고도 별로 들이지 않고 후세에 해줄 수 있는 선물이라고, 나무는 선악 간에 행한 다른 어떤 일보다 가시적인 효과를 오랫동안 끼칠 것이라 했다. 그가 심은 장미는 지금도 살아서 마을 사람들에게 아름다움을 선사하고 있다고 한다. 그는 반사회적인 행동을 할 때마다 일기장에 적어두고 적당한 때에 도토리를 심는 것이 좋을 거라고도 했다. 오웰은 그가 쓴 책만큼은 아니겠지만, 심은 나무로도 후세에 좋은 영향을 주고 있다. 그는 우리의 머리에도, 지구의 정수리에도 나무를 심은 셈이다. 그가 땅에 묻었던 도토리 한 알, 세상을 아름답게 하는 일은 아주 작은 일에서 시작한다.

니콜라 데이비스의 그림책 『약속』에도 도토리 이야기가 나온다. 주인공은 더럽고 가난한 도시에서 가진 것 없는 사람들의 빈 주머니를 훔치며 사는 소녀. 어느 날 밤, 소녀는 컴컴한 거리에서 만난 노부인의 가방을 낚아채려고 했는데, 노부인이 엄청난 힘으로 버티는 바람에 곤욕을 치르고 있었다. 그러다 노부인은 "네가 이걸 심겠다고 약속하면, 놓아 주마."라고 말했다. 그게 뭔지도 모르고 약속한 소녀는 가방을 가지고 도망쳤다. 그 가방에는 도토리가 한가득 들어있었고, 소녀는 자기가 한 약속이 뭔지 깨닫게 되었다. 소녀는 약속을 잊지 않고, 찻길 옆, 로터리 한가운데, 기찻길 옆, 버려진 공원, 쇼핑센터 뒤, 버스 정류장, 아파트에 도토리를 심었다. 처음에는 아무 변화가 없었다. 그런데 조금씩 푸른 싹이 보이기 시작하더니 도시가 변했고 사람들이 웃기 시작했다. 도시 사람들도 소녀를 따라 나무며 꽃이며 과일이며 채소를 심었다. 소녀는 "안타깝고 슬픈 또 다른 도시"에도 도토리를 심으러 갔다. 소녀는 처음 도토리 가방을 열었을 때 "태어나서 처음으로 행운이 찾아온 듯했고 꿈꿔 본 적도 없는 풍요로움을 느꼈"다고 했다. 그래서 소녀는 도토리 심는 것을 멈출 수 없었나 보다. 소녀 덕분에 도시가 꽃과 나무와 과일과 채소로 가득 찼으니, 소녀의 도토리 심기는 작지 않은 일임이 틀림없다.

주방의 성자라 불리는 로렌스 형제는 『하나님의 임재 연습』에서, "우리는 하나님을 위해 작은 일들을 할 수 있다. … 나로서는 바닥에서 지푸라기 하나를 집어 드는 일마저도 하나님 사랑으로 행하기에 충분하다."라고 말했다. 작은 일 하나도 마음을 담아 정성껏 하면 큰일이 된다. 하나님의 마음을 알아 시원하게 해드리는 일은 작은 것이 없다.

어린아이에게 친절을 베푸는 것은 큰일이 아닌 것처럼 생각된다. 이천 년 전에는 더 그랬을 것이다. 당시 아이들은 보호 대상이라기보다는 약탈과 악용의 대상이었다. 재산이나 노예 취급을 받았다. 제자들은 당시 상식으로, 예수님에게 접근하는 아이들을 막았다. 예수님은 제자들을 꾸짖고, 어린아이들을 안고 안수하시고 축복하셨다(마가복음 10:13-16). 예수님은 누구든지 자신의 이름으로 어린아이 하나를 영접하면, 자신을 영접하는 것이라고 했다. 아이들도 어른과 마찬가지로 온전한 인격체이다. 존재 자체로 존중받아야 할, 하나님의 형상을 지닌 존재이다. 그런 존재들을 예수님이 사랑하시고 축복하시는 건 당연하다. 어린아이를 영접하는 것은 예수님을 영접하는 것만큼 큰일이다.

또 예수님은 "누구든지 너희가 그리스도에게 속한 자라 하여 물 한 그릇이라도 주면 결코 상을 잃지 않으리라"라고 하신다(마가복음 9:41). 물 한 잔 주는 게 뭐라고, 상까지 주신다고 할까 생각할 수도 있겠지만, 천하보다 큰 영혼을 섬기는 일인데 작을 수 없다. 하나님께서는 작은 일에 충성하는 자에게 큰 것을 맡기신다고 하신다. 작은 일은 곧 큰일이다. 크다, 작다 하는 것은 인간의 관점이지, 하나님의 관점과는 분명 다르다.

윌리엄 블레이크는 "한 알의 모래에서 세계를 보고, 한 송이 들꽃에서 천국을 본다."라고 했다. 존재와 그 하는 일의 중요성은 크기와 상관없다. 어떤 존재의 작은 몸짓 하나로도 세상은 유지되고 변한다. 역사를 돌이켜보면 수많은 소시민의 작은 발걸음이 세상을 변화시켰다. 톨스토이는 "모두가 세상을 변화시키려고 생각하지만 정작 스스로 변하겠다고 생각하는 사람은 없다."라고 따끔하게 지적한다. 재능에 따라서 영향력도 다르고, 변화시키려는 분야도 사람마다 다를 것이다. 처음부터 큰일이 이루어지지 않는다. 중요한 것은 사랑을 위해서 하는 일은 모두 큰 의미를 지닌다는 것이다. 사랑으로, 기쁨으로 하는 일은 아무리 작아도 우주만큼 크다.

누구든지 내 이름으로 이런 어린아이 하나를 영접하면 곧 나를 영접함이요,
누구든지 나를 영접하면 나를 영접함이 아니요,
나를 보내신 이를 영접함이니라 (마가복음 9:37)

그림책 톺아보기

1. 앨리스는 할아버지를 도와 그림을 그리기도 했고, 저녁에는 할아버지 무릎에서 머나먼 세상 이야기도 들었습니다. 앨리스와 할아버지를 보면서 어떻게 느끼시나요?

2. 럼피우스의 "세상은 벌써 아주 멋진걸."이라는 말은 어떤 의미로 다가오나요?

3. 럼피우스는 "정신 나간 늙은이"라는 말에도 아랑곳하지 않고 여름 내내 계속 꽃씨를 뿌렸습니다. 이듬해 봄에는 온 마을에 루핀꽃이 가득했는데요. 이 마을이 어떻게 보이시나요?

4. 럼피우스가 아이들과 함께 이야기 나누는 모습을 어떻게 생각하시나요?

삶을 변화시키는 질문

1. 매일 주어지는 작은 일을 대하는 당신의 마음은 어떤가요?

2. 작고 연약해 보이지만 온전한 인격체인 어린이를 어떻게 대해야 할까요?

3. 소위 '큰일'을 하는 사람들에 대한 하나님의 관점은 어떠할까요?

4. 하나님의 사랑을 전하기 위해 당신이 꾸준히 할 수 있는 일은 무엇일까요?

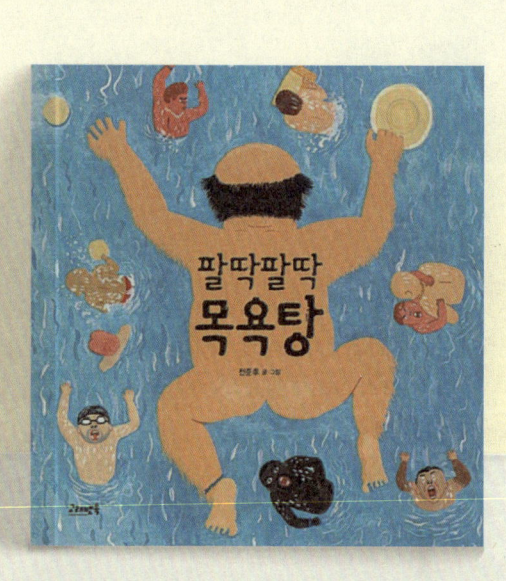

『팔딱팔딱 목욕탕』

전준후 글·그림

고래뱃속

일탈
좀
하면
안 되나요?

가끔 도서관에서 그림책을 보고 있으면 이상한 눈으로 쳐다보는 사람들이 있다. 한번은 어린이 자료실에서 쫓겨나기도 했다. 사서 선생님이 그러는데, 아이들이 남자 어른을 무서워하니까 나보고 나가란다. "나도 그림책 보고 싶다고요!" 대꾸도 못 하고 장난감을 빼앗긴 소년 같은 표정으로 나왔다. 수염도 안 깎고 머리도 덥수룩한데다가 심각한 표정으로 그림책을 보고 있어서 그랬나 하고 자문해 본다. 50대 아저씨가 그림책을 보면 일탈인가?

사회에서 규정한 제도나 규범에서 벗어나는 일을 '일탈'이라고 한다. '범죄'와는 결이 다르고, 범위도 굉장히 넓다. 어떤 학자들은 일탈 연구를 포기하라고 제안할 정도이다. 규범을 벗어난 행위라고 해도 그 사회에서 범죄로 규정하지 않으면 처벌되지 않는다. 예를 들어 학생들이 담배를 피우는 것은 일탈 행위이지만, 담배를 피운다고 소년원에 가는 건 아니다. 일탈 행위는 사회와 문화에 따라 다르게 규정되겠지만, 지극히 사사로운 일상에서 벗어나는 행위를 지칭할 때도 쓰인다. 매일 육아에 지친 아기 엄마가 친구와 만나 밤새워 노는 것, 갑자기 타지로 여행을 떠나는 것, 다이어트 중에 폭식하는 것, 갑자기 드라마에 꽂혀 집안일도 하지 않고 정주행하는 것, 학교 수업 땡땡이 등등. 매우 가볍게 생활의 즐거움이 되는 것도 있지만, 정도가 심하면 손가락질을 받거나 따돌림을 당할 수도 있다.

    현대인은 일탈을 통해 기분 전환을 하고 힘을 얻기도 한다. 신선한 생각은 종종 다른 일에 몰두할 때 싹이 튼다. 일탈의 순기능이다. 때로는 일탈이 개혁의 실마리가 되기도 했다. 〈서프러제트〉라는 영화에는 1900년대 초 영국의 세탁공장 여성 노동자 '모드 와츠'가 등장한다. 당시 일부 여성들이 투표권을 주장하며 거리 투쟁을 했는데, 와츠는 이 투쟁에 대해 무관심했다. 그러던 그녀가 어쩌다 시위에 참석했는데, 여성 인권 유린의 참상에 분노하여 그때부터 적극적으로 시위에 참여하게 된다. 이 투쟁으로 와츠는 직업, 가정, 자녀를 모두 잃는다. "남자가 자유를 위해 싸우는 게 정당하다면, 여자가 자유를 위해 싸우는 것도 정당하다." 여성들이 자기들의 권리를 위해 시위하는 게 일탈이었던 시대가 있었지만, 그 일탈로 인하여 인권이 신장해 왔다. 이처럼 사회적이고 진지한 일탈도 있겠지만 가벼운 일탈도 있다. 그림책 『팔딱팔딱 목욕탕』에서는 한 소년이 대중목욕탕에 금붕어를 풀어놓았다. 어떤 일이 생겼을까?

    무지무지 더운 날, 준우는 심심해서 어항을 들여다보고 있다. 심심하다는 아들을 위해 아빠는 "목욕탕이나 갈까?"라고 제안한다. 준우는 아빠의 말이 마음에 들지 않지만, 냉큼 따라나선다. 순간 재미난 생각이 떠오른 것이다. 목욕탕에 도착한 준우는 옷을 벗자마자 냉탕으로 뛴다. 그리고 아무도 없는 냉탕에서 어항에서 데려온 친구들과 함께 논다. "물고기들아, 큰물에서 신나게 놀아라!" 물고기들과 신나게 노는 준우를 아빠가 큰 소리로 부른다. 준우가 온탕에서 아빠와 때를 불리고 있는 동안, 한 아저씨가 냉탕으로 간다. "으아악! 이게 뭐야!" 사람들이 냉탕에서 소리 지르는 아저씨를 향해 고개를 돌린다. 때밀이 아저씨는 헐레벌떡 뛴다. 어떤 사람들은 환불해 달라고 난리고, 준우 아빠는 미안해서 어쩔 줄 모른다. 그때, 한 할아버지가 다 같이 물고기를 후딱 잡아 버리자고 제안한다. 목욕탕에 온 사람들이 하나둘 물고기를 잡으려고 모여든다.

살다 보면 예상 밖의 불행이나 착오, 오해, 시련, 고통 등이 생기게 마련이다. 이때 어떤 태도로 그것들을 맞이할 것인지는 우리가 선택한다. 빅터 프랭클은 그것을 인간의 '태도적 자유'라고 했다. 누군가는 낙심, 후회, 분노, 절망, 우울 등의 태도를 보이고, 누군가는 감사, 희망, 반성, 소망, 낙관을 가득 담은 태도를 보인다. 어떤 태도를 보이느냐에 따라 그다음 행동도 달라진다. 목욕탕에 물고기가 돌아다니는 건 분명 기분 나쁠 일이다. 누군가에겐 환불뿐만 아니라 재방문도 꺼릴 요인이 될 것이다. 그런데, 한 할아버지의 제안은 이 모든 상황을 축제로 만들어 버린다. 사람들이 냉탕 안에서 물고기를 잡는 장면은 마치 강가에서 고기를 잡으며 물놀이를 하는 것처럼 보인다. 아이들은 신났고, 어른들은 공통의 목표를 위해 마음을 모은다. 준우의 기상천외한 일탈 덕분에 동네 사람들은 서로 얼굴을 보며 웃을 수 있었다. 전에는 말도 섞지 않았던 사람들인데 말이다. '물고기 구출 작전'에 투입되었던 사람들은 시원한 음료수를 먹으며 평상에 앉아 사진을 찍는다. 한동안 기억에 남아 이야기될 만큼 멋진 경험담이다.

일탈을 꿈꾸는 사람이 많다. 그만큼 살기가 퍽퍽한 것도 사실이다. 현대인은 자신을 너무 과도하게 사용한다. 여유를 갖고 머리를 비울 필요가 있다. 쳇바퀴에서 튕겨 나와 '딴짓'하는 시간이 필요하다. 매일 또는 주말에 조금씩이라도 일상을 벗어날 때를 노려보면 어떨까. 최근 '키덜트'라 불리는 사람들이 늘고 있다. 그들은 좋아하는 놀이를 소비하고 그로 인해 삶의 활력을 되찾는다. 단지 그들이 좋아하는 게 어렸을 때 놀던 것이어서, 철없는 사람으로 치부되기도 한다. 김경일 교수는 "나이가 들수록 생산적이지 않은 물건을 소비하고 놀이를 즐기며 일상생활의 돌파구를 만드는 것은 중요하다." 라고 말한다. 이 과정을 통해 생산적으로 자기 계발이 가능해졌고, 새로운 인간관계도 생겼다. 비슷한 취향을 가진 타인과의 사회적 교류가 늘어났다. 건전한 일탈은 루틴으로 자리 잡을 수도 있다.

초대교회의 일탈은 선교적이었다. 그들은 로마제국에서 일반적인 관행이었던 황제숭배를 거부했다. 당시 황제는 '신'이었고 '주님(lord)'이었다. 황제숭배를 거부하는 것은 심각한 일탈 행위였다. 그리스도인은 예수님을 주님으로 모신 자들이어서, 황제를 비롯해 모든 우상 숭배를 거부했다. 군 복무에 대해서도 부정적이었고, 공중목욕탕에도 출입하지 않았다. 보통 사람들은 그들을 이상하게 생각했고, 그리스도인들에게 부정적인 이미지가 생겼다. 초대교회는 예상외로 폐쇄적인 '닫힌 정원'이었다. 입교자 외에는 세례와 성찬식 참석을 엄격히 제한했다. 교인들끼리 형제자매로 불러서 '근친상간'의 오해를 받았다. 성찬식 때문에 '식인'의 오해도 받았다. 당시 사회의 법과 관습에 반한 초대 교인들의 일탈은 악의적인 소문이 보태져 오해를 만들었고, 그리스도인들을 위험에 빠지게 하는 원인이 되고 말았다.

그리스도인들은 죽음 앞에서 담대했고 흔들림 없는 믿음을 보여주었다. 터툴리안은 '순교는 교회의 씨앗'이라고 했다. 초기 순교자로서 서머나의 주교 폴리캅이 있다. 그는 그리스도를 욕하면 석방해 주겠다는 유혹에 대해 다음과 같이 말했다. "86년 동안 나는 그분의 종이었습니다. 그동안 그분은 내게 아무 잘못도 하지 않으셨습니다. 그런데 어떻게 내가 나를 구원하신 왕을 모독할 수 있겠습니까?" 그는 화형을 당했지만, 불길도 그를 해하지 못해서, 사형집행관이 칼로 그의 목숨을 끊을 수밖에 없었다고 한다.

북아프리카 카르타고에서는 기독교인이라는 이유로 페르페투아라는 20대 귀족 여성과 펠리치타스가 함께 투옥되었다. 사형 집행이 있던 날, 페르페투아는 성난 황소의 뿔에 받혀 온몸이 피투성이가 되었지만, 펠리치타스를 부축하고 다른 교인들을 격려했다. 페르페투아와 성도들은 경기장 가운데에 모여, 하나님을 찬양하며 서로에게 평화의 입맞춤을 하였다. 광란의 군중은 죄수들을 죽이라고 소리 질렀고, 기독교인들은 한 검투사에 의해 순교했다. 경기장에 모여 있던 사람 중에 누군가는 이해할 수 없는 그들의 평화로운 모습에 마음이 끌렸을 것이다. 이처럼 초대교회의 행적은 당시 사람들에게 일탈로 여겨졌지만, 많은 이들을 예수님께로 이끌었다.

일탈은 멈춤에서 시작한다. 소박한 일탈은 삶에 활기를 주고, 적당한 일탈은 마음을 새롭게 한다. 정해진 일과 중에 사소한 것 하나만 바꿔도 삶이 활기차게 바뀐다. 낯선 길로 돌아가기, 낯선 사람에게 인사하기, 옷 바꿔 입기, 취미생활 시작하기, TV 끄기, 인터넷 안 하기 등 가벼운 것부터 시작하는 것이 좋다. 일탈은 목적이 아니다. 삶을 제대로 살아내기 위한 몸부림이다. 그리스도인에게는 좀 더 적극적인 일탈이 요구된다. 사회에서 정해진 제도나 규범이 하나님의 말씀과 어긋나는 경우, 과감하게 그것으로부터 일탈해야 한다. 거룩한 일탈, 정의로운 일탈, 사랑 가득한 일탈. 그래서 믿음이 없는 이들이 그리스도인의 착한 행실을 보고 하나님께 영광을 돌릴 수 있도록 말이다. 하나님의 빛으로 충만한 사람들의 빛은 가릴 수 없다.

이같이 너희 빛이 사람 앞에 비치게 하여 그들로 너희 착한 행실을 보고 하늘에 계신 너희 아버지께 영광을 돌리게 하라 (마태복음 5:16)

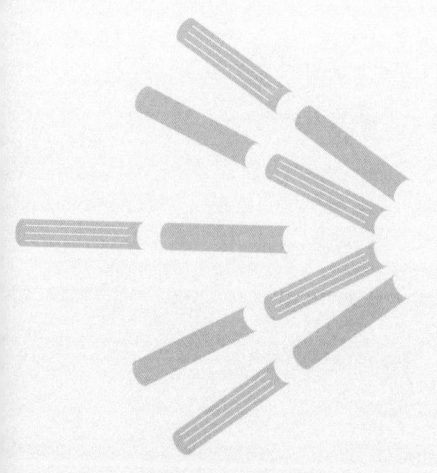

일탈은 멈춤에서 시작한다.
소박한 일탈은 삶에 활기를 주고,
적당한 일탈은 마음을 새롭게 한다.
정해진 일과 중에 사소한 것 하나만 바꿔도
삶이 활기차게 바뀐다.

그림책 톺아보기

1. 준우는 자기 집 어항에 있는 물고기를 목욕탕에 데리고 갑니다. 냉탕에 풀어놓고 함께 즐거운 시간을 보내는데요. 당신은 그 모습을 어떻게 느끼시나요?

2. 냉탕에 있는 물고기들이 발견되고 목욕탕은 일대 혼란에 휩싸입니다. 그러다가 한 할아버지의 제안으로 다 같이 물고기를 잡기로 합니다. 이 장면들을 어떻게 생각하시나요?

3. 물고기를 잡고 같이 사진을 찍는 사람들을 어떻게 보시나요?

4. 면지에 보면 준우가 까만 봉지를 들고 야외수영장으로 향하고 있습니다. 당신은 어떤 생각이 드시나요?

삶을 변화시키는 질문

1. 당신에게 활력을 줄 일탈에는 어떤 것이 있을까요?

2. 당신의 일탈이 당신의 공동체에 미칠 선한 영향력은 어떤 것이 있을까요?

3. 초대교회의 일탈을 보면서 어떤 느낌이 드나요?

4. 당신이 시도해 보아야 할 하나님을 향한 일탈은 어떤 것인가요?

『내가 다 열어 줄게』
요시타케 신스케 글·그림
유문조 옮김 / 위즈덤하우스

무엇을
열고
무엇을
닫아야
할까요?

    부모님 댁이 가까워서 잠깐씩 들를 때가 있다. 어머니는 내가 갈 때마다 휴대폰 문자를 보여주면서 이게 뭐냐고 물으신다. 공과금 고지서를 내미시면서 처리하라고도 하신다. 문자와 우편물을 확인하고 나서야 비로소 어머니의 얼굴을 제대로 볼 수 있다. 어머니의 모습은 갑자기 늙어버리신 듯, 작은 구름 같은 검버섯이 군데군데 피었고 잔주름이 자글자글했다. 어머니가 탁자 위에 있는 생수병을 가리키셨다. 따달라는 말씀이셨지만, 딴청을 부리다 깜박하고 그냥 집으로 와버렸다. 며칠 후 다시 들렀을 때, 그 생수병은 탁자 위에 그대로 놓여 있었다. 생수병이 반짝이는 눈으로 나를 쩨려봤다. 어머니가 따로 별말씀은 없었지만, 괜스레 미안해졌다. 그보다 어머니가 생수병 딸 힘도 없다는 게, 전에 그걸 따주셨던 아버지가 이제는 파킨슨병으로 누워만 있다는 게 마음을 무너뜨렸다. 어렸을 땐 엄마 아빠가 뭐든 다 열어주셨는데…

나는 아빠가 되었고, 예전의 부모님처럼 많은 것을 연다. 빈도수로는 비닐 봉지가 최고일 것 같다. 세 살 막내는 아직도 비닐봉지를 열지 못한다. 비타민을 좋아해서 맨날 달라고 조르는데, 개별포장 된 비타민을 잘 뜯지 못한다. 막내가 부탁하는 표정이 귀여워서 빨리 뜯어주면 아깝다. '뽀뽀해주면 뜯어줄게', '말 잘 듣는 거 봐서 줄게' 봉지를 뜯을 수 있는 자가 권력자다. 막내의 욕망과 무능력을 이용해서 나의 유익을 채운다. 막내랑 비슷하게 초콜릿 봉지를 못 뜯고 엄마한테 부탁하는 그림책 주인공이 있다.

『내가 다 열어 줄게』의 웅이는 뭐든지 열고 싶어 하는 아이다. 웅이는 엄마처럼 봉지를 뜯고 싶은데 그럴 수 없어서 속상하다. 얼른 커서 '열기 대장'이 되고 싶다. 웅이가 열고 싶은 것은 무궁무진하다. 열쇠를 잃어버린 금고, 열쇠가 빠진 하수구, 화석이 든 거대한 바위, 경찰에게서 도망가는 도둑의 가방, 서커스 동물들을 가둔 철창. 심지어는 지구도 쫙 쪼개서 열고 싶어 한다. 웅이는 상상 속에서 큰 집을 케이크 자르듯 잘라서 여는데, 그 집 사람들은 샤워하거나 잠자거나 옷을 갈아입거나 화장실에 앉아 있다. 그 사람들은 얼마나 황당하고 끔찍하고 무서웠을까. 열지 말아야 하는 것도 있는 법이다. 다른 사람들에게 피해가 간다면, 능력이 있어도 아껴야 한다. 그것이 진정 아름다운 능력이다.

여는 것은 자주 '능력'으로 평가된다. 능력 있는 사람들이 뭐든 잘 연다. 물론 누구에게나 한계는 있다. 능력의 최대치를 알고 다른 사람에게 도움을 구할 줄 아는 사람은 능력의 범위가 넓어진다. 웅이는 초콜릿 봉지를 따는 것은 엄마에게 요청하고, 주스 뚜껑 따는 것은 아빠에게 부탁한다. 누구에게 요청해야 하는지 명확하게 아는 것도, 요청하는 것도 하나의 능력이다. 나는 어렸을 때부터 목소리가 작다는 말을 듣고 살았다. 특히 다른 사람들에게 요청할 때는 목소리가 속으로 기어들어 갔다. "뭐라고? 웅얼거리지 말고 말해." 내 요청을 알기 전에 듣는 사람이 짜증부터 나는 상황이랄까. 그래서 누군가에게 부탁하기보다 되든지 안 되든지 혼자서 해보겠다고 애쓴 적이 많았다. 내비게이션이 없던 시절에 운전할 때도 그랬다. 나는 주로 아는 길만 다녔는데, 모르는 동네를 갈 때면 종종 길을 헤맸다. 그런데도 나는 절대 사람들에게 길을 묻지 않았다. 지도에 코 박고 있는 나를 볼 때, 아내가 얼마나 답답했을까 싶다. 지금은 가능한 한 묻는 편이다. 덕분에 내 길이 좀 더 수월하게 열린다.

개인의 능력만으로 모든 것을 열지는 못하지만 다른 조건이나 관계 덕분에 열리는 때도 있다. 웅이는 아직 어려서 아무것도 할 수 없다고 실망했다. 아빠는 그런 웅이가 열 수 있는 게 있다는 사실을 보여주고 싶었다.

"이 과자를 아빠 얼굴 앞에 가져와 볼래?"

아빠는 입을 활짝 열어 웅이를 경탄하게 했다. 웅이는 자기가 열 수 있는 것을 발견하고 몹시 기뻤다. 엄마에게도 똑같이 시도했는데, 엄마 역시 입을 '쩌억' 벌렸다. 부모의 역할이 이런 걸까. 웅이 아빠는 아이의 가능성을 열어 주고 도전하게 했다. 웅이의 능력보다는 부모의 사랑과 배려가 입을 열게 했다. 덕분에 웅이는 생각이 확장되고, 여는 기쁨을 알게 되었다. 아빠는 아들이 원하는 대로 다 열어 주고 싶지만, 한편으로는 아들이 스스로 열어가기를 바랐을 것이다.

이처럼 '열림'은 물건에만 한정되지 않는다. 마음, 말문, 숨통 등 손에 잡히지 않는 것도 가능하다. 사람들은 뭔가를 스스로 열 수 있다. 문을 열고, 회의를 열고, 축제를 열고, 경기를 열고, 매장을 연다. 반면 기회, 길, 열매, 신세계처럼 다른 존재에 의해 열리는 것도 있다. 무엇이든 열리는 곳에 사람들이 모이고 마음이 오간다. 인생길은 열리고 닫히는 벽 사이에 있다. 열리면 가고 닫히면 돌아서야 한다. 하지만 열리는 쪽으로 무작정 발을 내디딜 수도 없고, 닫히는 쪽을 미련 없이 단념할 수도 없다. 열린 문 안쪽을 기웃거리다가 마음에 들지 않아 돌아섰던 적도 있었다. 열리지 않는 문을 쿵쾅쿵쾅 두드리며 발로 차고 몸을 부딪치며 절규하던 적도 있었다. 끝내 열리지 않는 문 앞에 엎드려 하늘을 원망했다. 내 능력이 부족하니까 누군가 대신 열어 주기를 바라기도 했다. 그때 요술램프의 지니처럼 '내가 다 열어 줄게.' 하면서 나타나 줄 존재가 있었다면 어땠을까?

이스라엘 백성들이 이집트를 탈출하여 홍해 앞에 섰을 때, 그런 존재가 나타났다. 하나님은 홍해 물을 양옆으로 세워 마른 땅을 여셨다. 이스라엘 백성들이 홍해를 가로질러 건너편에 모두 도착했을 때, 물은 다시 합쳐졌고 이집트 병사들은 몰사했다. 닫으시는 분도 하나님이셨다. 바다 사이 열린 길을 떨리는 마음으로 지나갔던 이스라엘 백성들에게 하나님에 대한 믿음의 눈이 열렸다. 하지만 믿음은 오래가지 못했다. 백성들은 광야에서 목마르고 배고플 때 모세를 원망하고 불평하며 대들었다. 이런 인간의 나약함을 아시기에 하나님은 예수님을 이 땅에 보내셨다. 우주를 창조하여 모든 생명의 장을 여신 하나님이, 인간을 사랑하여 영원한 구원의 길도 여셨다.

하나님은 지금도 우리와 함께하시며 모든 것을 열 수 있는 능력자이시다. 하지만 자녀 된 우리의 뜻대로 모든 것을 열어 주시지는 않는다. 하나님은 자신의 길을 인간의 지혜로는 도저히 끼워 맞출 수 없는 선한 의도대로 열어갈 뿐이다. 그렇기에 우리는 하나님께서 놀랍게 열어 가시는 역사를 믿음의 눈으로 볼 수밖에 없다. 이경희 목사는 『욕망과 영성』에서 "작은 일들에 감탄할 때 우리는 신앙에서 잃어버린 신비로움을 회복한다."라고 말했다. 하나님의 위대하심은 우리 일상의 작은 일에 투영된다. 그 위대하심에 날마다 새롭게 경탄할 때, 우리는 인생길이 열리고 닫히는 것에도 민감해진다. 하나님의 새로운 언어에 경탄하며 살아갈 때 작은 일에 일희일비하지 않고, 감사와 기쁨을 잃지 않을 수 있다.

연다는 것은 틈을 만드는 행위다. 나로 꽉 찬 마음에 틈을 내어 경이로운 세상과 아름다운 사람을 들이는 일이다. 겸손함으로 마음 중심에 하나님을 모시는 태도다. 지루한 완고함에 균열이 생기고 바사삭 부서질 때 우리는 반짝이는 빛을 받아들일 수 있다. 다른 존재의 빛을 들일 때 우리는 서로 이어진다. 아무것도 가릴 것 없이 순수해지고 부끄러워하지 않는 마음으로 투명해진다. 세상이나 타인과의 진정한 소통이 시작된다. 무엇을 위해, 누구를 향해 열릴 수 있을까. 삶에 대한, 더 깊고 넓은 통찰을 위해 열리고 싶다. 나와 생각이 다른 이들을 사랑하기 위해 활짝 열리고 싶다. 자녀들에게 '내가 다 열어 줄게.'라고 말해주고 싶지만, 그보다는 아이들 스스로 세상의 경이로움과 따뜻한 인류애를 향해 열리기를 소망한다.

> 모세가 바다 위로 손을 내밀매
> 여호와께서 큰 동풍이 밤새도록 바닷물을 물러가게 하시니
> 물이 갈라져 바다가 마른 땅이 된지라 (출 14:21)

그림책 톺아보기

1. 웅이는 엄마에게 초콜릿 봉지를, 아빠에게 주스 병을 열어달라고 요청합니다. 당신은 웅이의 태도를 어떻게 보시나요?

2. 열어야 할 물건의 종류도 많고 여는 방법도 제각각입니다. 그 물건들을 보면서 어떤 생각이 드시나요?

3. 웅이는 동물원 우리나 주택을 열어버릴 상상을 합니다. 그 상황 속에 등장하는 사람들은 깜짝 놀랍니다. 당신은 웅이의 상상에 공감하시나요?

4. 아빠는 웅이가 커서 자기에게 부탁하지 않으면 서운할 것 같습니다. 웅이에게 뭐든지 열어 주고 싶은 아빠의 모습이 어떻게 다가오시나요?

삶을 변화시키는 질문

1. 당신은 어떤 '새로운 것'에 마음을 열고 있나요?

2. 당신은 다른 사람을 위해 무엇을 열어 주고 싶나요?

3. 예수님께서 나에게 열어 주신 것은 무엇일까요?

4. 하나님께서 내 뜻대로 열어 주시지 않을 때 어떤 태도가 필요할까요?

『커다란 것을 좋아하는 임금님』
안노 미쓰마사 글.그림
송해정 옮김 / 시공주니어

경제적으로
잘사는 게
좋은 것
아닌가요?

"불편하지 않아?" 운전하다가 뒷자리의 아들들에게 물었다. 둘 다 괜찮단다. 우리 가족이 타는 차는 경차다. 갑자기 생긴 막내 덕에 카시트를 사이에 두고 성인이 된 아들과 고등학생 아들이 좁게 앉는다. 오랜 시간 동안 차를 타면 몸이 뻐근하고 굳을 것 같은데도, 두 아들은 큰 차로 바꾸자는 말을 하지 않는다. 군대도 갈 것이고, 언제 독립할지 모른다는 게 이유다. 가끔 큰 차가 필요할 때도 있지만, 그 때문에 큰 차를 살 생각은 없다. 차를 자랑하는 사람들이 작은 차를 업신여겨서 마음이 불편할 때도 있다. 작은 차를 타면 사람도 없이 보이나 보다. 하지만 타고 다니는 차와 사람은 동일체가 아니지 않은가.

'스몰 하우스' 운동을 시작한 건축가 제이 셰퍼는 "너무 큰 집은 집이라기보다는 채무자의 감옥에 가깝다"라고 했는데, 큰 차도 그렇지 않을까 싶다. '영끌족'이나 '카푸어'는 경제적 자유를 누릴 수 없고 다른 영역의 자유도 제한될 수 있다. 그림책 작가 오사다 히로시는 "자유를 숭상한다는 사람들이 점점 큰 집을 선호한다는 것은 아이러니가 아닐 수 없다."라고 했다. 물론 좀 더 큰 집이나 차가 주는 심리적, 공간적 자유로움이 있다. 어떤 영역의 자유를 추구할지는 사람마다 달라서 소유와 자유가 반비례한다고까지 말할 수는 없겠지만, 적당한 크기에 대한 개인적, 사회적 성찰은 필요할 것이다.

『커다란 것을 좋아하는 임금님』의 주인공은 큰 것을 좋아하는 인물의 대표라고 할 만하다. 커다란 것을 좋아하는 임금은 지붕보다 더 높은 침대, 수영장만 한 세면대, 마당만큼 넓은 수건을 썼다. 칫솔은 얼마나 큰지 두 사람이 낑낑대며 들어야 할 정도였다. 요리사들은 지름이 사람 키만 한 팬으로 요리하고, 대형 가족 풀장 크기의 접시를 준비했다. 정작 먹는 건 달랑 사과 한 개뿐인데도 말이다. 식사하는 동안 광대들은 작은 배만큼 큰 기타를 연주했다. 임금과 신하들의 모습이 웃음을 자아내지만, 우리 역시 별반 다르지 않기에 씁쓸하다.

역사를 보면 인간은 거대한 것에 쉽게 마음을 내주었다. 원시시대에는 큰 나무나 바위 등을 숭배했다. 고대문명에는 대부분 피라미드 같은 거대한 건축물이 있었다. 우리나라에도 선돌이나 고인돌 같은 거석문화가 있었다. 권력, 돈, 명예, 쾌락 등 추구하는 목표는 다르지만, 인류는 대부분 크고 화려하고 위력적인 것을 원했다. 거대한 것의 역사는 거대한 착취와 희생의 역사일 수밖에 없다. 이 그림책에서도 임금 때문에 신하들과 일꾼들이 애먼 고생을 한다. 임금이 왕궁 안에 만든 연못에서 커다란 물고기를 잡고 싶다고 하니까 신하들은 고래까지 잡아다 대령한다. 다른 사람들을 마음대로 움직일 수 있는 커다란 권력을 가졌으니 이 임금의 삶은 복 받은 인생일까?

자본주의 사회에서 '복을 받았다'라는 표현은 경제적인 풍요를 의미한다. 돈으로 할 수 있는 것들이 많아지고 있으니 당연한 결과다. 그러나 우리는 자본주의의 빈약한 상상력을 벗어나야 한다. 돈 이외의 것에 눈을 돌리지 않으면 우리는 전인적으로 가난해질 것이다. 어떤 문화권 사람들은 가족이 없는 것이 가난하다고 한다. 목숨을 내어줄 친구가 없어도, 죽도록 사랑할 연인이 없어도 가난한 것이다. 심장을 뛰게 하는 꿈이 없어도, 작은 것에 기뻐하는 감사가 없어도 가난한 것이다. 가난을 결핍의 의미로 생각한다면, 자족하는 마음이 결핍되는 것도 가난이다. 망막에 별자리 하나 새기지 못한 것이 가난한 것이다. 자기만의 색깔 하나, 가슴 두근거리게 하는 소리 하나 품지 못한 것이 가난한 것이다.

빨간 머리 앤은 "사랑할 것이 있는 한 절대 가난하지 않다."라고 했다. 또 "우리도 부자야. … 백만장자가 되어 다이아몬드를 줄로 엮어 다닌다 해도 우리는 바다의 아름다움을 지금보다 더 즐길 수는 없어."(『초록지붕집의 앤』 중에서)라고 했다. 그녀는 '16년의 자랑스러운 삶과 여왕의 행복 같은 행복을 누렸고, 많든 적든 상상력이 있기에 부자'라고 한다. 류시화는 "가난하다고 해도 너는 아주 가난하지는 않다. 가령 아무 가진 것 없이 파란색 하나만 소유하고 있다 해도, 그 파란색에는 천 개의 파랑이 들어 있다."('꽃샘바람에 흔들린다면 너는 꽃' 중에서)라고 했다. 천 개의 파랑과 만 개의 빨강으로 마음을 물들이면 충만함이 차오를 것이다.

인간은 자신의 소유물이나 욕망보다 언제나 더 큰 존재다. 존재 자체로 가난하지 않은 존재다. 귀엽고 작은 튤립 한 송이 역시 큰 존재다. 임금이 아무리 큰 화분에 심어도 튤립은 튤립이다. 임금은 튤립을 보기 위해 봄을 기다려야 했다. 아무리 큰 권력도 자연의 섭리를 거스를 수는 없다. 근래 과학이 생명을 다루는 일에 겁 없이 뛰어들어 우려스럽다. 인간 복제에 관한 상상이 도를 넘어 상식처럼 퍼져 있다. 영화, 소설, 드라마에서도 복제인간이 자주 등장한다. 결국 이 또한 돈으로 연결된다. 머지않은 미래에 돈 있는 사람이 복제인간을 만들고 자기 건강을 위해 복제인간을 수술대에 올리는 일이 벌어질 수도 있다. 어떻게 보면 잘사는 것은 돈의 영향력에서 최대한 벗어나야 가능한 것인지도 모른다.

재물이 많은 청년 이야기가 성경에 나온다. 그는 예수님께 찾아가서 영생을 얻는 방법을 물었다. 예수님은 청년에게 '가서 소유를 다 팔아 가난한 자에게 나눠주라.'라고 하셨다. 그러자 청년은 재물이 많아 근심하며 가버렸다. 예수님은 그를 철저히 꿰뚫어 보고 계셨다. 그는 그때까지 하나님께서 원하시는 삶을 살았다고 자부했지만 끝내 재물을 버리지 못했다. 주님 앞에서 버릴 수 없는 것은 우상일 수밖에 없다. 부자 청년은 '나'라는 우상을 버리지 못하고 결국 주님을 떠났다.

예수님은 이 사건 직후에 부자가 천국에 들어가기 어렵다고 하셨다(마태복음 19:23). 그런데 생각해보면 아브라함도, 이삭도, 욥도 부자였지 않은가. 하나님께서 복을 주셔서 부자가 되는 것은 잘못이 아니다. 자본주의 사회에서는 물질이 하나님처럼 되었다. 사람들은 돈을 숭상하고 돈의 노예로 살고 있다. 부자가 되기 위해 하나님을 외면하는 것은 죄다. 부자이면서 가난한 자를 돌보지 않는 것도 죄다. 하나님과 돈, 둘 다 선택하는 길은 없다. 하나님 주신 것에 만족하지 않고 더 많이 구하는 것은 교만이며, 자신을 하나님

위에 두는 행위다.

잘산다는 것은 높이나 크기의 문제가 아니다. 그 높은 바벨탑은 하나님이 아니라 인간들의 이름을 높이기 위해 세워졌다. 트리나 폴러스의 『꽃들에게 희망을』에서도 꼭대기에 아무것도 없는 탑을 쌓고 있는 애벌레들이 나온다. 세상은 누군가를 밟고 올라가야 하는 방식을 부추기고 있다. 그리스도인조차 그 길에 합류하면서 뭐가 잘못되었는지도 모른다. 오히려 물질적 축복이 하나님의 뜻이라고 믿는 '번영신학'이나 복이 신앙의 목적이 되는 '기복신앙'이 교묘하게 우리의 눈을 가리고 있다. 돈과 권력을 갖고 다른 사람들 위에 올라서는 것은 죄다. 하나님보다 더 위에 올라가려는 교만의 처음이다.

잘산다는 것은 생명의 싱그러움으로 시공간을 채우는 존재 형식이다. 내가 가는 곳마다 생명이 약동하기를 바라는 의지이다. 잘사는 신앙인은 신께 받은 은총을 차곡차곡 쌓지 않고 조용히 주변에 흘려보낸다. '통로'로서의 삶이다. 우리가 만나고 교제하는 영혼이 치유되고 회복된다면 잘 살고 있는 것이다. 잘사는 것은 달의 모습과 같다. 스스로 빛을 낼 수 없음을 알고 태양의 빛을 반사하는, 은은하고 따스한 빛을 내어주는 달. 겸손하게 신의 은혜를 받아들이고 따뜻하게 나눠줄 수 있는 사람이 되고 싶다.

> 돈을 사랑하지 말고 있는 바를 족한 줄로 알라. 그가 친히 말씀하시기를 내가 결코 너희를 버리지 아니하고 너희를 떠나가지 아니하리라 하셨느니라 (히브리서 13:5)

┃ 그림책 톺아보기

1. 임금님은 커다란 것만 좋아해서 침대, 세면대, 수건, 포크, 나이프 등의 크기가 어마어마합니다. 당신은 임금님의 삶을 어떻게 보시나요?

2. 신하들과 일꾼들이 임금님의 취향에 맞춰 모든 것을 준비하는 모습을 보며 어떤 생각이 드시나요?

3. 새장이 너무 커서 새장 안의 새들은 모두 날아가 버렸습니다. 임금님은 속상해서 엉엉 울었는데요. 그런 모습을 보며 어떤 느낌이 드시나요?

4. 임금님은 커다란 화분에 빨간 튤립 알뿌리 하나를 심었습니다. 임금님의 생각과는 달리 아주 작고 귀여운 튤립 한 송이가 피어났는데요. 당신은 그 장면을 어떻게 보시나요?

삶을 변화시키는 질문

1. 당신은 '돈'에 대해 어떻게 생각하나요?

2. 당신의 삶에서 우선순위를 두는 것은 무엇인가요?

3. 당신이 버리고 정리해야 할 것은 무엇인가요?

4. 바울은 디모데전서에서 '돈을 사랑함'이 일만 악의 뿌리라고 했습니다. 이 말의 의도는 무엇일까요?

『고래가 보고 싶거든』
줄리 폴리아노 글 / 에린 E. 스테드 그림
김경연 옮김 / 문학동네

간절히
바라면
무엇이든
이룰 수
있나요?

    누구에게나 희망은 필요하다. 간절히 바라면 뭐든 할 수 있다고 선뜻 대답해주고 싶지만, 그렇게 대답하기가 쉽지 않다. 현실은 그렇더라도 우리는 늘 간절한 마음이 통하기를 바란다. 고래에 간절한 사람이 있었다. 2022년 드라마 '이상한 변호사 우영우'에 등장하는 주인공 우영우이다. 그녀는 고래 덕후로, 고래에 관한 지식을 줄줄이 꿰고 있다. 우영우는 극 중 커플인 이준호와 함께 제주에 사는 남방큰돌고래를 보기 위해 사람들이 돌고래를 봤다고 하는 장소에 찾아갔다. 망원렌즈가 달린 카메라와 망원경도 챙겼다. 하지만 정작 돌고래가 하늘로 뛰어올랐을 때, 우영우와 이준호, 두 사람은 모두 바다를 보고 있지 않았다. 고래가 나타날 때마다 사건 해결의 실마리를 찾았던 우영우는 이준호와의 연애 현실 앞에서는 돌고래를 놓치고 말았다. 돌고래를 보겠다고 바다까지 갔지만, 바다에서 눈을 떼는 순간 돌고래를 놓치고 만 것이다. 그림책『고래가 보고 싶거든』에는 우영우처럼 고래가 간절히 보고 싶은 소년이 등장한다.

소년은 고래가 보고 싶으면 창문이 있어야 한다고 한다. 바다도 필요하다고 한다. 바라보고 기다리는 시간도 필요하다고 한다. 고래가 보고 싶으면 의자랑 담요도 필요하다고 한다. 너무 편하거나 포근한 건 안 된다. 잠이 들면 고래를 볼 수 없으니까. 고래가 보고 싶으면 장미 같은 건 모르는 척해야 한다. 작은 배가 지나가도 한눈팔면 안 되고, 커다란 배에도 관심을 가져서도 안 된다. 펠리컨이나 초록색 벌레에게도 눈길을 주어서는 안 된다. 구름도 바라보면 안 된다. 고래가 보고 싶은 소년은 바다에서 눈을 떼지 못하고 기다리고 또 기다린다. 과연 소년은 고래를 볼 수 있을까?

열망하는 것을 하려면 시간을 들여야 한다. 중요하지도 않은 일을 붙잡고 있느라, 정작 중요한 것을 놓친다면 그것은 시간 낭비다. 시간은 돈이라는데, 사람들은 돈을 벌기 위해 시간을 들인다. 앤드류 니콜 감독의 〈인 타임〉이라는 영화에서는, 시간이 화폐다. 사람들은 시간을 벌고 그 시간만큼 물건을 살 수 있다. 시간은 생명이기도 하다. 말 그대로 팔목에 표시되는 시간만큼만 살 수 있다. 부자는 여유롭고 빈자는 늘 바쁘다. 가난한 자는 뛰어다녀야 하고, 하루 벌어 하루 살아야 하는 긴박감을 놓을 수 없다. 영화의 설정대로라면, 우리는 쓸데없는 것을 사는 데 시간을 쓰느라 수명이 단축되고 있다. 우리는 생명 같은 시간을 무엇에 사용하고 있을까.

소년은 고래를 보기 위해서는 어떠한 유혹도 이겨야 했다. 고래가 보고 싶은 마음이 있지만, 다른 것도 눈에 들어오고 관심이 생겨 배도 눈에 들어오고 펠리컨도 보게 된다. 때로는 무엇을 보든 고래로 보인다. 구름도 고래처럼 보이고 육지와 등대도 고래처럼 보인다. 하지만 그것은 상상 속의 고래일 뿐이다. 가짜를 보고 있으면 진짜를 놓치기 마련이다. 그래서 소년은 다른 것들에 관심을 두어선 안 된다는 것을 안다. 모든 유혹을 이기고 너른 바다를 향해 나아갔을 때, 마침내 소년은 고래를 볼 수 있게 된다.

지금까지는 소년의 시각에서 이 이야기를 보았다. 하지만 사람이 고래를 보려면 고래가 눈앞에 나타나 주는, 고래의 '계시'도 필요하다. 고래가 나타나지 않는다면, 인간이 하는 어떠한 노력도 소용이 없다. 만약 당신이 서점에서 책을 샀다면 그것은 당신이 책을 선택한 것일까, 아니면 책이 당신을 선택한 것일까? 이타미 주조는 이렇게 말한다. "책을 좋아하는 사람이 서점의 서가 앞에 서면, 필요한 책은 알아서 튀어나온다. 책이 나를 불러주는 것이다." 애서가라면 서점이든 도서관이든 인연처럼 다가오는 책이 있다는 것을 안다. 시인들은 시가 찾아온다고 말한다. 말하자면 시의 '계시'인 것이다. 어느 날 문득 찾아온 계시를 충실하게 받아 적는 일이 시인의 역할인 셈이다. '한시적 진리', '조각 진리'라도 진리가 인간에게 나타나야 인간은 진리를 얻을 수 있다. 기적 같은 기회가 왔을 때 소년이 고래를 보듯, 경이로운 일이 일어난다. 기적은 인간의 간절한 소망과 진리의 감동적인 조우다.

하나님은 신이시고, 창조주이다. 스스로 계셔서 만물을 만드셨다. 하나님의 형상을 따라 창조된 인간을 비롯해 세상은 하나님의 존재를 어떻게든 보여준다. 로마서 1장 20절은 이렇게 말한다. "이 세상 창조 때로부터, 하나님의 보이지 않는 속성, 곧 그분의 영원하신 능력과 신성은, 사람이 그 지으신 만물을 보고서 깨닫게 되어 있습니다."(표준새번역) 하나님을 알 만한 것이 만물에 내재하고, 하나님은 그것을 열어 보여주셨다. 자연을 통해 그분의 존재와 지혜와 능력을 경탄하게 된다. 차디찬 눈 아래 죽은 듯 웅크리고 있던 들풀이 초봄에 하나하나 되살아난다. 나뭇잎을 하나도 없이 다 떨구고 초췌한 모습으로 서 있던 나무가 새봄에는 푸릇푸릇 새 이파리를 낸다. 예수님의 부활이 떠오른다. 사계절이 되풀이되며 생명이 이어지는 모습을 보면서 하나님의 섭리를 깨닫는다. 석양을 보면서도 감격스러울 때가 있다. 빨개져 가는 서쪽 하늘을 오랫동안 보고 있으면 어느 순간 무지개색이 층층이 눈에 들어온다. 지표면과 가까운 빨강부터 머리 바로 위 보라까지 하늘 가득한 무지개를 상상한다. 어쩌면 하나님께서 매일 무지개 언약을 기억하라고 주신 게 석양이 아닌가 싶다. 나이를 먹으면서 점점 산이 좋아지고 흙이 만져지고 식물이 좋아지는 건 그 속에서 하나님을 발견하기 때문이다.

우리가 창조 원리에 근거한 '일반계시' 속에서 하나님을 볼 수 있는 것은 '특별계시'를 알기 때문이다. 일반계시를 통해 막연한 신의 존재를 느꼈다면, 특별계시(성경)로 그 신이 하나님이심을 알게 된다. 구약을 보면 하나님께서 직접 나타나시거나, 천사나 선지자를 통해서나 이적을 통해서 자신을 나타내셨다. 우리는 예수님의 성육신을 통해 하나님의 사랑을 알게 되었고, 사랑은 하나님의 가장 독특한 특질이라고 할 수 있다. 하나님은 말씀으로 자신을 인간에게 나타내셨다. 말씀은 기록으로 남아 우리에게 전해졌다. 성경은 특별한 선물이다. 말씀 속에 하나님의 뜻이 들어있고, 우리는 보여주신 뜻에 따라 살면 된다. 차가운 이성이 지배하는 지금의 시대에도 기적적인 일이 없지 않다. 선교단체에서 일하면서 종종 그런 간증을 들었다. 성경을 구할 수도 없고, 하나님을 믿는 일도 어려운 선교 현장에서는, 아직도 하나님께서 꿈과 환상, 그리고 사람들을 통해 기적적으로 역사하신다. 하나님의 선교(Missio Dei). 선교는 하나님께서 하시고 인간은 도울 뿐이다.

하나님은 신이시기에, 인간이 하나님을 완벽하게 이해하기란 불가능하다. 그래도 일반계시와 특별계시를 통해 자신을 나타내주셔서 하나님을 조금이나마 이해할 수 있다. 성경은 인간이 구원받고 하나님의 사람으로 살아가도록 돕기에 부족함이 없는 계시이다. 더 신비하고 특별하고 미래 예언적인 것을 찾는 경우, 또 영적인 체험이나 능력만 추구하는 경우, 잘못하면 신앙이 엇나갈 가능성이 있다. 성자 예수님의 말씀과 성령 하나님의 능력이 균형을 이루어야 한다.

간절히 원하는 사람은 그렇지 않은 사람들보다 더 많은 것을 갖게 될지 모른다. 하지만, 아무리 간절히 원한다고 해도 얻을 수 없는 것이 있다. 하나님처럼 스스로 나타나지 않으면, 절대 알 수 없는 존재가 있다. 간절한 바람이 계속되고, 하나님의 손길인 계시를 놓치지 않는다면, 우리는 기적적인 일을 보게 될 것이다. 그런데 사실, 하나님을 믿는 것 자체가 기적이다!

하늘이 하나님의 영광을 선포하고
궁창이 그의 손으로 하신 일을 나타내는도다 (시편 19:1)

그림책 톺아보기

1. 소년은 고래가 보고 싶다면 바라보고 기다릴 시간이 필요하다고 합니다. 당신은 이 말에 어떤 생각이 드시나요?

2. 고래를 보려면 장미, 펠리컨, 벌레, 작은 배 같은 건 모르는 척해야 한다는 말은 어떤 의미일까요?

3. 고래를 정말 보고 싶으면 바다에서 눈을 떼지 말라는 말에 어떤 느낌이 드시나요?

4. 소년은 작은 배를 타고 바다에 나가 고래를 기다립니다. 마침내 고래가 소년 앞에 불쑥 올라오는데요. 당신은 이 장면을 어떻게 보시나요?

삶을 변화시키는 질문

1. 당신은 지금 어떤 일에 시간을 쓰고 있나요?

2. 당신이 간절히 원하는 것은 무엇인가요?

3. 당신은 광대하고 장엄한 자연을 보면서 어떤 생각이 드나요?

4. 간절히 바라는 것을 구하기 위해 당신은 어떤 기도를 하고 있나요?

사랑을 배웁니다

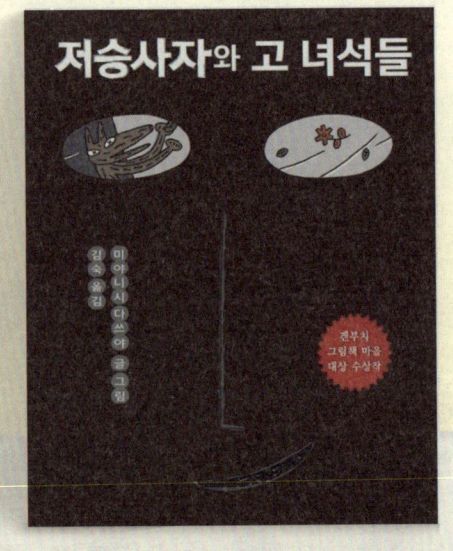

『저승사자와 고 녀석들』
미야니시 타쓰야 글·그림
김숙 옮김 / 북뱅크

나의
찐친은
누구일까요?

　나는 친구가 없다. 아니, 꼭 그렇지만은 않다. 만나는 또래 친구는 없지만, 우정을 나누는 사람은 꽤 있다. 실제로는 한 번도 보지 못한 '랜선 친구'들도 있다. 물론 내 블로그 이웃 수나 페친, 인친, 카친 숫자는 거품이 심하다. 누구인지도 모르는 사람들이 내 폰에서 잠을 자고 있고, 그 수도 단시간에 정리할 수 없을 만큼 많다. 친구나 팔로워 숫자로 사회성을 말하는 시대다. 그러다 보니 SNS상에 '유령친구'라는 것이 등장했다. 그것은 친분이나 관계는 전혀 없이 숫자로만 셀 수 있는 친구다. 청소년들은 유령친구를 사귈 방법을 인터넷에 묻고, 또 그걸 도와준다는 카페가 생겨나고 있다. 친구 수가 적으면 따돌림을 당하기도 하고, 실제 친구가 없는 것처럼 외롭다고도 한다. 친구가 얼마만큼 있어야 외롭지 않을까?
　그림책 속에는 천국이 아니면 가능할 것 같지 않은 우정 이야기가 많다. 『폭풍우 치는 밤에』에서는 염소와 늑대가 친구가 되어 서로를 위해 목숨을

Ⅲ. 사랑을 배웁니다

아끼지 않는 우정을 보여준다. 『혼자도 좋지만 둘은 더 좋아』에서는 오리와 개구리가 친구가 되고, 『두더지의 여름』에서는 두더지와 거북이가 우정을 나눈다. 여기『저승사자와 고 녀석들』에는 늑대와 돼지의 우정 이야기가 있다.

병든 돼지가 숲에 누워 있었다. 주변을 두리번거리던 배고픈 늑대가 이 꼬마 돼지를 발견했다. 늑대는 한입에 꿀꺽, 돼지를 먹어 치우려고 했는데, "끄응" 하는 앓는 소리를 들었다. 갑자기 안쓰러워진 늑대는 돼지가 회복되고 통통해지면 그때 잡아먹기로 했다. 늑대는 자기 침대에 꼬마 돼지를 눕히고 이불을 덮어 주었다. 그리고 나서 자기는 차갑고 딱딱한 바닥에 몸을 웅크린 채 잠이 들었다. 다음 날 아침, 늑대는 꼬마 돼지에게 옥수수죽을 쑤어 주었다. 늑대의 정성스러운 보살핌에도 꼬마 돼지는 좀처럼 낫지 않았다. 다음날 늑대는 하얀 꽃을 꺾어 왔다. 꼬마 돼지가 보일 듯 말 듯 미소를 지었다. 다음날에도 늑대는 꽃을 꺾으러 나갔다가 할아버지의 말씀이 떠올랐다. 빨간 꽃을 먹으면 어떤 병이라도 씻은 듯이 낫는다는 말. 그때부터 늑대는 비가 와도 바람이 불어도 빨간 꽃을 찾으러 다녔다. 빨간 꽃은 찾을 수 없었고, 꼬마 돼지의 병은 점점 나빠졌다. 그러던 어느 날, 늑대는 빨간 꽃을 찾으러 낭떠러지까지 가게 되는데, 그는 과연 빨간 꽃을 찾아 돼지를 살렸을까?

무리 생활하는 늑대가 혼자 다니는 것도 이상하지만, 돼지가 아프다고 병간호하는 늑대는 더 이상하다. 하여튼 늑대는 꼬마 돼지 병간호를 정성껏 한다. 죽을 끓여 먹이고, 노래를 불러주고, 꽃을 꺾어다 방 안 가득 꽂아둔다. 만병통치약 빨간 꽃을 꺾기 위해서 낭떠러지도 피하지 않는다. 돼지를 먹을거리로 생각했다면 이럴 수 없다. 그렇게 정성을 쏟을 만큼 다른 먹잇감을 찾아 나섰다면 진작 먹었을 텐데 말이다. 돼지가 삶을 포기하려고 했을 때, 늑대는 화도 낸다. 왜 살려고 하지 않는 거냐고, 왜 낫겠다고 생각하지 않느냐고 호통을 친다. 돼지는 마지못해 알았다고 대답한다. 돼지가 더는 못 버티겠다고 하면서 했던 말이 마음에 남는다. "그동안 정말 고마웠습니다. 건강해져야 늑대님이 절 잡아먹을 수 있을 텐데." 먹힐 처지에 있는 돼지가 할 말은 아니다.

늑대는 빨간 꽃을 따기 위해 낭떠러지를 내려가다가 빨간 꽃과 함께 떨어진다. 늑대는 원래대로라면 죽었어야 한다. 하지만 돼지를 향한 늑대의 사랑이 얼마나 찐한지, 저승사자는 늑대를 살린다. 그는 처음부터 돼지랑 늑대가 곧 죽는다고 했었다. 하지만 차마 그들을 저승으로 데려갈 수 없었다.

돼지와 늑대는 친구가 되기 힘든 조합이다. 이것도 편견이라면 편견이겠지만, 우리 사회는 비슷한 사람들끼리 모이는 경향이 있다. 공감을 갈구하는 사회가 되어서인지도 모른다. 자기와 다른 사람들은 심하게 배척한다. 때문에 아직 세상에는 온갖 차별이 있다. 영화 〈그린 북〉은 1960년대 미국을 시대적 배경으로 한다. 당시 흑인과 백인이 친구가 될 확률은 0에 수렴하는 시대였다. 천재 피아니스트 돈 셜리 박사는 흑인이다. 그는 흑인 차별이 심하고 위험하기까지 한 미국 남부로 순회공연을 떠나기로 한다. 인종차별의 벽을 허물고 싶었던 것이다. 토니 발레롱가는 인종차별을 하지만, 경제적 이유로 어쩔 수 없이 셜리의 운전기사 겸 경호원이 된다. 하지만 순회공연 기간에 둘은 서로의 부족한 부분을 채우며 특별한 우정을 쌓아간다. 마지막에 셜리는 발레롱가 집으로 가서 크리스마스이브 파티에 함께 시간을 보낸다. '그린 북'은 흑인 여행자들이 이용할 수 있는 숙박시설, 음식점 등을 지역별로 기록해 놓은 책이다. 특히 남부를 여행하는 데는 필수였다. 이 책은 실제로 미국에서 1936년부터 1966년까지 출간되었고, 심각했던 인종차별의 실상을 드러낸다. 돈 셜리 박사와 토니 발레롱가는 인종차별이라는 벽을 넘어 멋진 우정을 만들어 낸다. 오프라 윈프리는 "탁월함은 모든 차별을 압도한다."라고 했는데, 남다른 우정 역시 차별을 압도했다.

　사무엘하 15장 37절은 후새를 다윗의 친구라고 소개한다. 다윗을 따라다니면서 돌을 던지고 저주했던 시므이와 대비되는 인물이다. 다윗은 믿을 만한 친구 후새를 적진으로 보낸다. 후새는 아히도벨의 모략에 맞설 수 있는 지략과 용기를 가진 사람이었다. 다윗의 결정은 전쟁의 승패를 좌우하고 다윗의 목숨을 구한다. 위장전향하여 예루살렘으로 돌아가 압살롬에게 충성을 맹세한 후새는 자신의 역할을 충실히 해낸다. 압살롬의 책사 아히도벨은 당장 다윗을 추적하여 기습해야 한다고 했지만, 후새는 압살롬이 온 이스라엘을 모아 친히 출전하여야 이길 수 있다고 했다. 그날 밤 후새는 요나단과 아히마아스를 보내어 다윗이 요단강을 건너게 했다. 결국 압살롬은 패배했고 다윗은 예루살렘으로 귀환할 수 있었다. 친구를 위해 목숨을 걸고 적진으로 들어간 후새의 용기가 돋보이는 장면이다. "사람이 친구를 위하여 자기 목숨을 버리면 이보다 더 큰 사랑이 없나니(요한복음 15:13)" 예수님은 친구를 위해 자기 목숨을 버리면 그것이 가장 큰 사랑이라고 했다. 그렇게 행하는 사람이 곧 당신의 친구라고 했다. 예수님은 우리의 친구가 되어 주셨다.

　다윗은 쫓기며 감람산을 오를 때에 머리를 가리고 맨발로 울며 올라갔다. 함께했던 모든 백성도 그렇게 울었다. 그때, 어떤 사람이 모반한 자 중에 아히도벨이 있다는 소식을 전한다. 다윗은 이렇게 기도한다. "아히도벨의 모략을 어리석게 하옵소서.(사무엘하 15:31)" 그때 다윗 앞에 나타난 사람이 후새다. 기도의 응답 같다. 후새는 옷을 찢고 머리에 흙을 덮어쓰고 다윗을 맞으러 온다. 애통의 표시이다. 그러한 후새의 애통한 마음이 다윗에게 큰 위로가 되었을 것이다. 다윗이 겸손하게 하나님을 붙들고 의지하게끔 했을 것이다. 후새의 행위는 단순한 공감을 넘어, 하나님을 신뢰하며 나아가야 한다는 지침을 제시한다. 진정한 우정에서 나오는 행위였다.

우정은 감정, 사고, 세계관, 삶의 영역에서 교집합을 키우면서도 더 큰 합집합을 만들려는 의지다. 우정이 깊어지면 나의 세계와 친구의 세계를 겹쳐 더 큰 세계를 만들 수 있다. 서로 다른 두 세계는 끊임없이 서로를 교란하지만, 서로에게 끌리고 자리를 내어준다. 내 속에 친구를 들이고 친구 속으로 내가 뛰어들지만, 둘 다 흐려지지 않고 더 뚜렷해지는 역설이다. 그래서 우정은 친구가 멀어질 때조차 친구의 향기를 머금을 수 있다. 공감하면서 서로의 아픔과 슬픔의 주파수를 맞추면 언제든 기쁨의 노래가 흘러나오리라. 나의 찐친이 누구인지 고민하기보다 내가 어떤 친구가 될지 연구하는 것이 우정에 더 도움이 될 것이다.

> 사람이 친구를 위하여 자기 목숨을 버리면
> 이보다 더 큰 사랑이 없나니 (요한복음 15:13)

그림책 톺아보기

1. 배고픈 늑대가 숲에서 돼지를 발견합니다. 늑대는 한입에 꿀꺽 먹어 치우려고 했지만, 돼지의 앓는 소리를 듣고 집으로 데려가서 정성껏 보살피는데요. 늑대의 행동이 이해되시나요?

2. 돼지가 더는 못 버틸 것 같다면서 정말 고마웠다고 합니다. 늑대는 왜 포기하려는 거냐고, 왜 살려고 하지 않는 거냐고 소리칩니다. 이 장면을 어떻게 생각하시나요?

3. 늑대는 빨간 꽃을 따러 낭떠러지까지 내려갑니다. 당신은 이렇게까지 하는 늑대의 모습과 빨간 꽃에 관해서 어떤 생각이 드시나요?

4. 당신은 늑대와 돼지가 함께 손을 잡고 춤추는 모습을 어떻게 보시나요?

삶을 변화시키는 질문

1. 어떤 친구가 절친이라 할 수 있을까요?

2. 당신은 '랜선 친구'에 대해 어떻게 생각하나요?

3. 찐친이라면 삶에 대해서 친구에게 어떤 조언을 해야 할까요?

4. 우리의 최고의 친구는 예수님입니다. 예수님은 나에게 어떤 친구인가요?

『친구의 전설』
이지은 글·그림
웅진주니어

당신의
진정한
멘토는
누구인가요?

어떤 사람은 자신의 멘토가 누구라고 자랑스럽게 말한다. 좋은 관계 속에서 선한 영향을 주는 사람이 있다는 것은 행복한 일이다. 조언을 아끼지 않는 선배, 자기 분야에서 존경받는 전문가, 좌중을 휘어잡는 강연가, 학교 다닐 때 존경하던 선생님, 좋은 글로 영향을 준 작가 등이 멘토가 될 수 있다. 방송, 유튜브, 책을 통해 나에게 도움이 되는 내용을 찾는 것은 어렵지 않다. 공적인 메시지를 사적으로 받으면 멘토처럼 느껴지는 것도 사실이다. 멘토 중에는 멘티와 직접적인 관계를 맺고 있는 사람도 있고, 그렇지 않은 사람도 있다. 예를 들어, '김미경 TV'의 김미경 씨는 자신을 멘토로 삼는 어떤 사람에 관해 전혀 모를 수도 있다. 그 사람은 김미경 씨를 그냥 존경하고 좋아하니까 그의 말을 삶의 지침으로 삼는 것뿐이다. 그렇다면 진정한 멘토는 어떤 사람일까? 이상적인 멘토라면 어떠해야 하는지 생각해 볼 수 있는 이야기가 있다.

옛날 옛적에 성격 고약한 호랑이가 살았다. 전형적인 숲속의 빌런이다. "맛있는 거 주면 안 잡아먹지."가 그의 전용 멘트다. 이 녀석은 조그만 다람쥐든, 나무통 속에 자는 올빼미든 가리지 않고 괴롭힌다. 곰이 동물들을 보호하려고 나서면, 호랑이는 그게 아니라면서 가버린다. 사실 호랑이는 아무도 자기와 놀아주지 않으니 심심해서 그랬던 것이다. 다른 동물들하고 놀고 싶은데, 어떻게 해야 하는지 몰라 어린애처럼 굴었다. 그러던 어느 날, 자고 있던 호랑이 꼬리에 민들레 씨앗이 떨어진다. 민들레는 거기서 꽃을 피웠고 꼬리에서 떨어지지 않는다. 어쩔 수 없는 동거다. 호랑이가 또다시 동물들을 만나러 가는데, 이번에는 좀 다르다. "맛있는 거 주면…", 호랑이의 거친 말을 막아서며 민들레가 웃는 얼굴로 "고맙겠다." 동물들에게 인사한다. 민들레는 호랑이와는 달리 부드럽고 친절하게 동물들과 이야기를 나눈다. 민들레 덕분에 호랑이는 동물 친구들과 가까워지는 법을 알게 된다. 호랑이와 민들레는 비 때문에 물이 불어 강을 건너지 못하는 동물들을 도와주기도 한다. 동물들은 고맙다며 둘을 초청해서 맛있는 음식을 대접한다. 호랑이는 민들레를 통해서 '친구가 되는 법'을 배우고 숲속 동물들과 친구가 되어간다.

석양을 바라보며 누워 있는 호랑이와 민들레. 갑자기 민들레 머리에 하얀 털이 나자, 호랑이도 까만색 줄무늬 말고는 모두 하얘진다. 그런데, 보름달이 휘영청 밝은 어느 날, 둘은 밤 산책을 하다가 그만 사람들이 쳐놓은 그물 덫에 걸리고 만다. 나무에 대롱대롱 매달려 어쩔 줄 모르고 있을 때, 민들레는 침착하게 호랑이에게 놀이 하나를 제안한다. "'후'하고 불어서 눈 감으면 지는 거야." 민들레가 먼저 했지만, 호랑이는 눈 하나 깜짝하지 않았다. 이번엔 호랑이 차례. 호랑이가 불기 전, 민들레는 힘겹게 묻는다. "호랑이, 우리 이제 친구지?" 민들레는 호랑이를 떠나기 전에 마지막으로 우정을 확인한다. 아무것도 몰랐던 호랑이는 '후'하고 힘차게 불었고, 민들레 씨앗은 훨훨 날아가 동물들에게 호랑이의 위험을 전할 수 있었다.

둘의 동거는 갑작스럽다. 어디든 날아가는 민들레 씨앗이 하필 호랑이 꼬리에 떨어진다. 호랑이는 민들레를 꼬리에서 떨어뜨리려고 안간힘을 썼다. 호랑이는 민들레가 자기에게 붙었다고 하고 민들레는 호랑이가 자기한테 붙었다며 옥신각신한다. 어쨌든 이 기막힌 동거 이후, 호랑이의 행동을 주도하는 것은 민들레다. 낭떠러지에서 떨어진 알을 구해주는 것도, 위험에 처한 동물들을 돕는 것도 민들레가 먼저 움직인다. 동정심이 깊고 실행력도 있는 민들레 덕분에 호랑이는 동물 세계에서 인정받는다. 그물에 갇혔을 때도 민들레 씨앗의 연락을 받은 동물들이 달려와 힘을 모아 호랑이를 구한다. 민들레는 호랑이에게 좋은 영향을 주는 멘토가 되었다. 그렇다면 호랑이는 민들레에게 전혀 영향을 주지 않았을까?

신학자 넬 모턴은 멘토링이란 '서로의 말을 듣는 것'이라고 정의한다. 일방적으로 좋은 얘기를 해주는 사람이 멘토가 아니다. 서로의 상황을 이해하고, 서로의 취약점을 알며, 서로 보완 해줄 수 있는 관계에 있는 사람이 진정한 멘토이다. 한 사람의 상황, 감정, 생각을 전혀 모른 채 이루어지는 멘토링은 실질적인 도움이 되기 어렵다. 관계를 맺지 않고 자기에게 필요한 조언만을 찾는 것은 허상을 좇는 것이다. 민들레는 호랑이와 같이 다니며, 귀한 조언을 아끼지 않았다. 호랑이의 츤데레 같은 성격을 알고 있었기에 가능한 일이었다. 호랑이는 관계에 서툴러서 다른 동물들에게 다가가는 방법을 몰랐다. 그 길을 열어 준 것이 민들레다. 호랑이 역시 민들레에게 도움이 되었다. 호랑이는 떼어내면 죽을 민들레를 그냥 꼬리에 있게 했다. 그는 시끄럽고 오지랖 넓은 민들레를 참아주었다. 호랑이는 민들레가 피곤해하며 잠이 늘었을 때 기다려주었고, 갑자기 한기를 느꼈을 때 포근하게 안아주었다. 둘 사이에 진정한 멘토링이 작동했다는 것을 알 수 있다.

성경에도 멘토링의 모범이 될 만한 사람들이 있다. 바울과 디모데. 디모데는 바울의 2차 선교여행에서 선교팀에 합류한 바울의 제자이다. 그는 더베와 루스드라에서 살았고, 그곳에서 합류했다(사도행전 16:1). 그 후 성령이 아시아에서 말씀을 전하지 못하게 막으시고, 선교팀을 유럽으로 이끄셨다. 바울이 유럽으로 건너갈 때도 디모데는 동행했다. 디모데는 에베소 교회의 교역자가 되었다. 바울이 디모데를 제자, 아들, 동역자로 여기지 않았다면 있을 수 없는 일이다. 바울은 디모데와 떨어져 있으면서도 편지로써 디모데를 격려하고 가르치고 부탁했다. 당연하게도 디모데는 바울을 멘토처럼 따랐을 것이다. 그는 아직 어렸고, 목회 경험도 부족했다. 바울은 디모데의 연소함이 목회에 걸림돌이 되지 않도록 믿음의 본이 되라고 격려했다(디모데전서 4:12). 디모데가 바울의 편지를 읽으면서 얼마나 큰 힘이 되었을지는 충분히 상상할 수 있다.

그런데 바울이 어떠한 마음으로 디모데를 에베소 교회의 목회자로 세웠을까? 어린 데다가 목회 경험도 없는 디모데를 단순히 믿는다고 해서 교회의 지도자로 세울 수는 없었을 것이다. 바울은 서신 여러 곳에서 디모데를 다음과 같이 소개했다. 하나님의 사람(디모데전서 6:11), 나의 동역자 디모데

(로마서 16:21), 주 안에서 내 사랑하고 신실한 아들 디모데(고린도전서 4:17), 우리 형제 곧 그리스도의 복음을 전하는 하나님의 일꾼인 디모데(데살로니가전서 3:2), 외조모 로이스와 어머니 유니게로부터 거짓이 없는 믿음을 물려받은 사람(디모데후서 1:5). 디모데는 하나님의 사람이었고 일꾼이었다. 바울은 이런 디모데를 주저하지 않고 '동역자'라고 불렀다. 디모데는 부르심을 받았고 많은 증인 앞에서 선한 증언을 하였다. 그는 하나님의 능력을 따라 복음과 함께 고난을 받기에 두려움이 없는 자였다. 바울의 편지에는 마치 자식에게 보내는 것처럼, 절절한 사랑이 담겼다. 디모데의 상황과 신앙, 감정과 생각을 잘 아는 바울은 그에게 꼭 필요한 조언을 해줄 수 있었다.

디모데도 바울에게 큰 힘이 되었을 것이다. 바울은 빌립보에서 감옥에 갇히기도 했고, 데살로니가에서는 소란을 피우는 무리에 의해 쫓겨나기도 했다. 바울은 이렇게 지나온 도시에서 제대로 복음을 전할 수가 없었다. 그때 디모데와 실라가 남아서 바울의 역할을 감당했다. 실라와 디모데가 고린도에서 합류했을 때 바울은 더욱 담대하게 예수가 그리스도이심을 증언했다. 디모데는 바울과 함께 있을 때 힘이 되는 사람이었고, 바울이 자기 대신 보낼 수 있는 믿음직한 사람이었다. 서로를 보완했던 바울과 디모데는 진정한 멘토링을 실현한 사람들이다.

파커 J. 파머는 『모든 것의 가장자리에서』에서 "우리의 취약함과 상호 필요를 존중하는 관계 속으로 서로를 초대하도록 기회를 열어 주는" 일을 멘토링이라 했다. 뭔가 가르치고 싶고 상대를 변화시키려는 의지가 강한 사람은 진정한 멘토가 될 수 없다. 상대에게 충고, 조언을 해준답시고 자기의 잘남을 뽐내는 것일 뿐이다. 반대로 자기를 변화시키고 싶지 않은 사람은 멘티가 될 수 없다. 좋은 멘티는 어떤 말에서도 배울 점을 찾고 자신의 감정을 앞세우지 않는다. '좋은 말인지는 알겠는데, 말하는 태도가 기분 나빠서 안 들을래.' 그러면 자기만 손해다. 자신의 연약함을 드러내고 겸손하게 도움을 요청할 수 있는 이에게 진정한 멘토링의 기회가 열린다. 멘토든 멘티든 낮아짐이 기본이다.

자기를 돕는 사람 중에서 디모데와 에라스도 두 사람을 마게도냐로 보내고 자기는 아시아에 얼마 동안 더 있으니라 (사도행전 19:22)

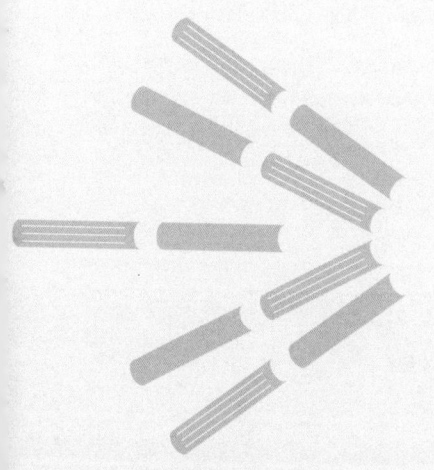

일방적으로 좋은 얘기를 해주는 사람이
멘토가 아니다. 서로의 상황을 이해하고,
서로의 취약점을 알며,
서로 보완 해줄 수 있는 관계에 있는 사람이
진정한 멘토이다.

그림책 톺아보기

1. 민들레가 호랑이 꼬리에 와서 붙은 이후, 둘의 관계에 대해 어떻게 생각하시나요?

2. 호랑이는 숲속의 빌런이었고 숲속 동물들과 친하게 지내지 못합니다. 그는 민들레와 함께 다니면서 숲속 동물들과 친구가 됩니다. 이런 과정에서 어떤 느낌이 드시나요?

3. 호랑이가 그물에 걸렸을 때 민들레는 자기 씨앗들을 불게 해서 호랑이를 구합니다. 당신은 이 장면을 어떻게 보시나요?

4. 눈 호랑이가 민들레밭에서 뒹굴고 있는 모습을 보면서 어떤 생각이 드시나요?

삶을 변화시키는 질문

1. 당신에게 진정한 멘토라 부를 수 있는 사람은 누구인가요?

2. 당신의 멘토에게 가장 도움 받고 싶은 것은 무엇인가요?

3. 당신의 깊은 사랑을 내어줄 당신만의 멘티는 누구일까요?

4. 하나님의 일을 하는 당신에게는 어떤 동역자가 있나요?

『소녀를 사랑한 늑대』
마리 콜몽 글 / 올리비에 탈레크 그림
이경혜 옮김 / 한울림어린이

사랑해서
헤어질
수도
있을까요?

　　사랑한다면 '무엇이든' 할 수 있다. 그 '무엇이든'에 이별이 포함되는지는 아직도 의문이다. 사랑하지 않는다고 꼭 이별하는 것도 아니다. 때로는 서로 미워하면서도 함께 살아가는 사람들을 보게 된다. 사랑 외에도 함께 살아야 하는 다른 이유가 있을 것이다. 2022년 칸 영화제에서 감독상을 받은 박찬욱 감독의 〈헤어질 결심〉은 형사와 피의자 사이에 이룰 수 없는 사랑을 그린다. 형사 해준은 피의자인 서래를 사랑하기에 떠나야만 했지만, 서래가 해준을 다시 찾아온다. 헤어질 결심과 사랑할 결심이 만나 관계와 사건을 꼬이게 만든다. 매 맞는 외국인 여성 서래는 해준을 통해 진짜 사랑을 느낀다. 감정에 충실한 서래는 마침내 자신을 내던지면서 기꺼이 사랑을 포기하지 않는다. 그녀의 거침없는 사랑은 결국 죽음으로 마감하지만, 영화를 보는 관객에게 그녀의 사랑과 삶은 처절하게 아름답다. 사랑하기에 헤어져야 했던 해준은 '헤어질 결심'에 성공하지 못한다. 해준은 서래를 찾아 바닷가를 헤맨다. 들어오는 바닷물도 그를 막지 못하는 듯하다. 진짜 사랑하면 헤어질 수 없는 걸까?

『소녀를 사랑한 늑대』는 사랑해서 헤어진 늑대와 소녀 이야기다. 말라게트는 버섯을 따러 숲에 갔다. 그런데 갑자기 늑대가 나타나 소녀를 물고 달렸다. 말라게트가 마구 버둥거려서, 늑대는 죽을 만큼 힘들었다. 드디어 늑대 굴 앞. 늑대는 좋아 날뛰다가 그만 굴 앞에 삐쭉 튀어나온 바위에 부딪히고 만다. 둘은 같이 굴렀고, 말라게트는 금방 일어났다. 그런데 늑대는 꼼짝도 안 하고 누워 있었고, 그 모습을 본 말라게트는 늑대가 가여워졌다. 손수건을 적셔 와 머리에 올려주고, 푹신한 침대도 만들어 주었다. 말라게트가 그러는 동안 늑대가 정신을 차렸다. 하지만 늑대는 눈을 반쯤 떴다가 금방 다시 감고 일어나지 않았다. 누가 이렇게 돌봐 주는 일이 처음이라 어색했지만, 기분이 나쁘지 않았기 때문이다. 말라게트는 집에 가서 허브차를 가져와 늑대에게 먹였다. 늑대는 고약한 맛이라며 투덜거렸지만, 말라게트가 시키는 대로 할 수밖에 없었다.

늑대가 어느 정도 회복 되자, 둘은 숲속을 산책한다. 산책하다 만난 어치는 말라게트에게 늑대를 조심하라며 자꾸 경고했고, 화가 난 늑대는 어치를 와작와작 씹어 먹었다. 말라게트는 화를 냈고, 늑대는 자신의 행동을 뉘우쳤다. 그때부터 늑대는 살아 있는 짐승을 단 한 마리도 잡아먹지 않았다. 자신을 구해준 말라게트를 깊이 사랑했기 때문에 가능한 일이었다. 하지만 나무딸기랑 버섯이랑 풀이랑 빵만 먹고 산 늑대는 점점 쇠약해졌다. 그런 늑대를 본 나무꾼은 말라게트에게 늑대가 죽어가고 있다고 말해주었다. 말라게트는 밤새 울었고 아침이 되자 늑대에게 가서 더 이상 약속은 지키지 않아도 된다며 깊은 숲속으로 가서 다른 늑대들처럼 살라고 보내주었다. 늑대와 소녀, 포식자와 피식자일 수밖에 없는 존재가 서로 사랑하게 되었다. 소녀의 사랑은 동정심으로부터 시작되었고, 늑대는 자기를 보살펴 주는 소녀의 다정함에 마음을 빼앗겼을 것이다. 늑대는 본능을 거스르고 채식주의자가 될 만큼 소녀를 사랑했다. 이런 것이 사랑일까?

정신과 의사 스캇 펙은 『아직도 가야 할 길』에서 사랑을 이렇게 정의한다. "자기 자신이나 타인의 영적 성장을 도울 목적으로 자신을 확대시켜 나가려는 의지." 사랑에는 지, 정, 의가 골고루 필요하다. 아는 것 없이 감정이 생길 리가 없고, 감정을 이어가려면 의지가 필요하니까 말이다. 몸도, 마음도, 생각도 성장하기 위해 자신을 넓히는 것이 사랑이다.

소녀는 늑대와 함께하고 싶은 마음 때문에, 늑대에게 육식을 못 하게 했다. 지극히 자연스러운 늑대의 욕망을 억제하고 늑대의 육체적 성장 또는 유지를 막았다. 소녀는 그것을 뒤늦게 깨달았고 늑대를 놓아줄 수 있었다. 소설가 최은영은 「모래로 지은 집」에서 '나의 자아를 부수고 다른 사람을 껴안'는 것을 사랑이라 말한다. 사랑하는 자의 희생은 기꺼이 이루어지는 일이지, 사랑을 완성하기 위함이 아니다. 희생은 사랑의 결과로 나타나는 것이지, 사랑을 위해 강요되어야 할 것이 아니라는 말이다. 소녀와 늑대는 사랑을 위해 헤어졌다. 덕분에 늑대는 얼마 지나지 않아 다시 힘이 세지고 멋있어졌다.

성경에도 사랑해서 헤어지는 사람들이 있다. 아므람의 아내 요게벳은 임신해서 아들을 낳았다(출애굽기 2:2). 당시 이집트 파라오는 산파들에게 이스라엘 여인이 아들을 낳으면 죽이라고 했는데, 그녀는 아들을 석 달 동안 잘 숨겼다. 아이가 자라 울음소리가 커지고 더는 숨길 수 없게 되자, 요게벳은 갈대 상자에 아들을 담아 나일강에 띄웠다. 아, 그녀의 마음은 어떠했을까? 그 마음을 헤아려 만든 찬양이 <요게벳의 노래>이다. "눈을 감아도 보이는 아이와 눈을 맞추며 주저앉아 눈물을 흘렸겠지" 엄마의 마음을 가진 사람은 이 가사에 눈물을 흘리지 않을 수 없다. 아무리 하나님에 대한 믿음이 있다고 해도, 아이를 떠나보내는 엄마의 마음은 창자가 끊어지는 아픔이었을 것이다. 감사하게도 하나님의 도우심으로 모세는 다시 엄마 품에 안기게 된다. 사랑해서 헤어졌던 아들이 죽지도 않았고, 그 아들을 다시 키울 수 있게 되었으니 요게벳은 굉장히 기뻤을 것이다.

사랑해서 헤어져야 했던 또 한 명의 엄마 리브가가 떠오른다. 리브가는 인간적인 방법으로 야곱이 장자의 축복을 가로채도록 돕는다. 복은 고사하고 저주를 받을지도 모른다며 두려워한 야곱을 그녀가 꼬드기고 강권한다. 리브가 하나님의 일 하심을 기도하며 기다렸다면 어떻게 되었을까? 우선 야곱은 야반도주하지 않아도 되었을 것이고, 그 일로 형제간의 우애도 상하지 않았을 것이다. 이삭이 리브가를 데려온 것처럼, 야곱도 라헬을 신부로 데려왔을 것이다. 리브가의 치우친 사랑으로 인하여 에서와 야곱은 자자손손 대립하게 된다. 리브가는 자식들이 태중에 있을 때, 에서가 야곱을 섬기리라는 하나님의 말씀을 들었다(창세기 25:23). 큰 자가 어린 자를 섬기리라는 하나님의 말씀은 이미 비극을 예고하는 것이었다. 에서는 부모의 기대를 저버리고 엇나갔다. 가나안 헷 족속의 딸들을 아내로 맞이하여 이삭과 리브가의 근심이 되었다. 리브가 그렇게까지 자신의 방법을 사용하지 않았어도 하나님의 계획하심에 따라 야곱은 이스라엘 민족, 열두 지파의 아버지가 되었을 것이다. 하나님의 뜻에 앞서나간 리브가의 조급한 행동은 사랑하는 아들과 헤어질 수밖에 없는 상황으로 치닫게 했다.

요게벳과 리브가의 이야기는 모두 사랑하기에 헤어지는 공식이 담겨있지만 다른 결을 갖는다. 요게벳은 하나님을 의지해서 모세를 놓았다가 다시 만났고, 리브가는 자신의 방법대로 행하다가 야곱을 떠나보낸 후 다시는 아들을 보지 못했다. 리브가는 에서의 아내들, 즉 며느리들 때문에 자기의 삶이 싫어졌다고 고백했는데, 아마도 죽을 때까지 그런 상태로 살았을 것이다. 그리스도인이라면 하나님이 각 사람을 사랑하시고 인도해 주시리라는 믿음이 필요하다. 결국 사랑을 이루기 위한, 믿음의 헤어짐이 사랑을 완성했다.

전 프랑스 영부인인 카를라 브루니는 조승연과의 인터뷰에서 인생에서 가장 중요한 것들은 설명할 수 없다고 했다. 기쁨도, 사랑도, 욕망도 느낄 수는 있지만 설명할 수 없다고 말했다. 사랑은 굉장히 복잡한 유기체이다. 지식, 의지, 인내, 온유, 겸손, 예의, 이타심, 친절, 믿음, 소망 등을 잘 끼워 맞춰야 사랑을 조금이나마 알 수 있다. 사랑으로만 가능하고, 사랑으로만 해야 하는 일이 얼마나 많은가. 그 이름으로 우리는 어디까지 갈 수 있고 무슨 일까지 할 수 있을까. 헤어지든 함께 살든 사랑을 위해 결정했다면 그 선택을 응원할 수 있을 것 같다.

> 믿음으로 모세가 났을 때 그 부모가 아름다운 아이임을 보고 석 달 동안 숨겨 왕의 명령을 무서워하지 아니하였으며 (히브리서 11:23)

III. 사랑을 배웁니다

그림책 톺아보기

1. 늑대는 말라게트를 물고 달리다가 바위에 이마를 부딪쳐 정신을 잃었습니다. 말라게트는 깨어나지 못하는 늑대를 가엾게 생각하는데요. 이런 말라게트를 어떻게 보시나요?

2. 말라게트가 시키는 대로 살아 있는 짐승을 잡아먹지 않으려는 늑대의 모습을 보며 어떻게 느끼시나요?

3. 말라게트가 죽어가고 있는 늑대를 숲으로 돌려보내는 것에 대해 어떻게 생각하시나요?

4. 멀찌감치 떨어져서 말라게트를 보는 늑대와 깊은 숲속을 자주 바라보는 말라게트의 관계는 사랑하는 관계인가요?

삶을 변화시키는 질문

1. 당신은 사랑이 무엇이라고 생각하나요? 사랑을 정의해 보세요.

2. 당신은 사랑을 위해 무엇까지 해보았나요?

3. 사랑과 믿음은 어떤 관계가 있을까요?

4. 하나님의 사랑은 당신에게 어떤 사랑인가요?

III. 사랑을 배웁니다

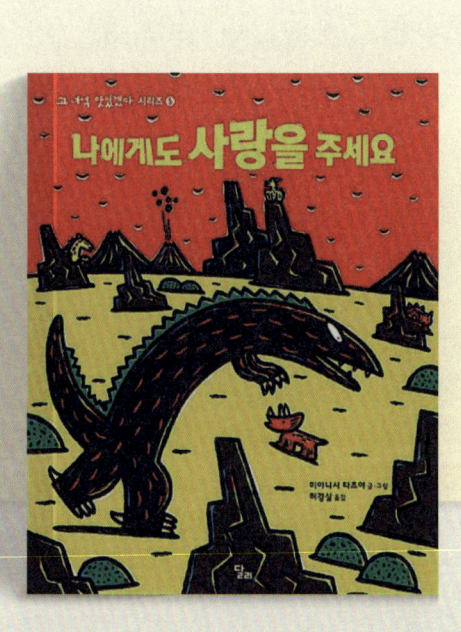

『나에게도 사랑을 주세요』
미야니시 타츠야 글·그림
허경실 옮김 / 달리

사랑을
가르쳐주는
곳은
없나요?

　　아버지가 칠순이 지나서 가끔 나와 아내에게 사랑한다고 말씀하시던 게 떠오른다. 너무 뜬금없고 맥락 없이 말씀하셔서 기분이 묘했다. 아버지가 자식들에게 사랑한다는 말을 해줘야 한다고 어디서 들으셨나 보다. 그래도 싫지는 않았다. 결혼을 하고 세 아들을 낳아 키우는 요즘, 사랑한다는 말이 입에 잘 안 붙는다. 사랑을 꼭 말로 해야 아느냐는 누군가의 말을, 나는 절대 하지 않으리라고 다짐했었다. '사랑한다' 말하는 것은 어렵지 않지만 타이밍 잡기는 어렵다. 뜬금포가 될 가능성이 농후하기 때문에, 일정한 시간을 정해야 할 것 같다. 아침에 일어나자마자? 아니면 밥 먹을 때마다? 아니면 주일 예배 시작 전에? 아무래도 부자연스럽다. 사랑한다고 말하기에 완벽한 시간이 있을까? 사랑에 대해 꼼꼼하게 건별로 가르쳐주는 곳이 있으면 좋겠다.

　　미야니시 타츠야의 '고 녀석 맛있겠다 시리즈' 중 『나에게도 사랑을 주세요』의 주인공은 티라노사우루스이다. 티라노는 자기 힘만 믿고, 다른 공룡

Ⅲ. 사랑을 배웁니다

들을 괴롭힌다. 티라노 때문에 다른 공룡들도 모두 '힘이 최고'라고 여기게 된다. 시간이 흐르고 티라노는 늙고 힘이 없어져 조그만 공룡들에게도 당하게 된다. 다른 공룡에게 꼬리를 물려 아파하던 티라노는 아무도 없는 곳을 찾아 여행을 떠난다. 지쳐 쓰러져 잠이 든 티라노는 누군가 부르는 소리에 잠이 깬다. 맛있어 보이는 트리케라톱스가 눈앞에 서 있다. 하지만 상처가 덧나 꼼짝도 못 한다. 어린 트리케라톱스는 티라노를 본 적이 없다. 트리케는 티라노의 상처를 어루만지며 가장 무서운 공룡 티라노사우루스를 조심하라고 한다. 그 말을 들은 티라노는 너무 좋아 트리케를 와락 껴안는다. 둘은 친구가 되었고, 트리케는 티라노에게 자기 친구들을 소개해 준다. 트리케의 친구들 역시 티라노를 본 적이 없다. 트리케들은 티라노에게 어리광을 부리며 몸을 비빈다. 그리고 퉁퉁 부은 꼬리를 보더니 다 같이 후후 입김을 불고 할짝거린다. 그들은 빨간 열매를 따다 주겠다며 나무를 머리로 들이받기도 한다. 티라노는 자기를 위해 애쓰는 트리케들을 보면서 기쁨의 눈물을 흘린다. 이런 느낌은 처음이다.

권력 지상주의자들은 자기가 당해도 순순히 인정할 수밖에 없다. 한때 티라노는 '힘이 최고'라고 여겼고 최상위 포식자로 권력을 누렸지만, 결국 노년에는 자기 말대로 더 힘센 녀석에 당하고 만다. 티라노는 트리케가 세상에서 가장 힘세고 무서운 공룡이 티라노라고 하니까 행복해진다. 자기 정체성을 인정해 주었기 때문일까. 티라노가 변한 것은 자기와 같이 힘없고 연약한 존재를 만나 그들의 마음을 읽었기 때문이다. 약자가 강자를 돕겠다는 것은 왠지 눈에 습기 차는 일이다. 누가 비웃을 수 있을까. 티라노는 힘없는 트리케들이 자기를 위해 희생을 마다하지 않는 모습을 보며 감동했고, 어린 트리케들을 지키기 위해 기가노토사우루스의 공격을 기꺼이 막아냈다. 어린 트리케는 커서 아빠가 된 후, 티라노와 똑같이 기가노토사우루스로부터 어린 자식들을 지켜낸다. "애들아, 잘 들어 보렴. 힘보다 더, 더 중요한 게 있단다. 그건 바로 사랑이야. 아빠는 이 나무를 쓰러뜨린 분에게 그걸 받았단다." 새끼 트리케는 이렇게 말한다. "저에게도 그 사랑을 주세요." 힘보다 더 중요한 사랑을 전해 받고 싶어 하는 트리케는 지혜롭다.

사랑받는다는 느낌은 어떻게 시작될까. 아기는 순백색 이불에 누워 '응애' 하고 울거나, 샛별 같은 눈을 깜빡거리거나, 꽃잎 터지듯 빵긋 웃을 때의 모습을 기억할 수 없다. 그런 기억은 주변 사람들이 전해주는 것이다. 늦둥이 막내를 키우면서 다 큰 아들들에게 "너희들도 어렸을 때 저랬어."라고 말하면 아들들은 멋쩍게 웃는다. 자기들은 안 그랬을 것 같다면서. 자기가 어디에서 왔고 어떻게 사랑받았는지 나눌 수 있는 기억은 뜨끈한 국물처럼 사람을 따뜻하게 한다. 내 기억을 소환할 수 있는 때를 돌아보면, 나는 내가 필요할 때 누군가 달려와 주거나 때로는 옆에 있는 것만으로도 사랑을 느꼈다. 새벽에 일어나 도시락을 싸주신 엄마, 무조건 내 편을 들어준 동생, 없는 형편에 필요한 것을 구해다 주신 아빠가 있었다. 당시엔 그게 사랑인지도 몰랐고 감사를 표현하지도 못했다. 사랑한다는 말만으로는 제대로 사랑을 전할 수 없지만, 표현하지 않으면 후회나 미련으로 남는다.

학창 시절에 배운 것이 많지만, 지금은 기억도 나지 않는 데다가 지금까지 살면서 써본 적 없는 지식도 있다. 문학을 배웠지만 소설책 한 권 진득하게 읽어보지 못했고, 음악을 배웠지만 교향곡 하나 제대로 즐기지 못했다. 도대체 뭘 배우면서 16년을 보냈을까. 차가운 이성만 날카롭게 갈았던 것 같다. 문학과 예술을 사랑할 줄 알았더라면 지금의 삶이 훨씬 향기로웠을 텐데. 사랑이나 의사소통 같은 인생 필수 과목들은 배운 기억이 없다. 학교에서 사랑의 정의, 목적, 방법, 대상, 형태, 비결 등 이론을 배우고, 실천 영역은 가까운 어른들에게 배웠다면 사랑을 더 잘했을까? 아직도 사랑이 어렵고 앞으로도 어려울 예정이다. 사랑 공부는 평생 학습일 수밖에 없다. 사회의 모든 기초가 사랑이고, 학문을 하는 기본도 사랑이기 때문이다. 사회가 '만인의 만인에 대한 투쟁'의 자리가 되지 않으려면, 사랑의 견제가 필요하다. 사랑이 삶의 기본이다.

순교한 에콰도르 선교사 짐 엘리엇의 아내 엘리자베스 엘리엇은 어떻게 사랑을 배웠을까? 그녀는 남편이 순교한 지 1년 후 남편을 죽인 원주민 마을에 다시 들어간다. 그녀는 10년 동안 헌신한 끝에 남편을 죽인 사람을 그 지역의 목사로 만든다. 어린 시절 그녀는 가난한 삶에서 감사와 절약을 배웠다. 아버지로부터 하나님을 경외하는 법과 겸손을 배웠다. 온 가족이 가사를 분담하고 삶을 나누었으며, 신앙이 자연스럽게 그녀에게 전수되었다. 하나님의 사랑을 통해 어떻게 사랑해야 하는지도 배웠다. 그렇게 자란 그녀는 자신의 순결을 성스럽게 지켰다. 남자를 고를 때도 남달랐다. 그녀는 하나님에 대한 감정이 자기를 향한 감정에 못 미치는 남자는 쳐다보지도 않았다. 하지만 사랑이 시작되면서 그녀도 하나님의 뜻과 자신의 욕망 사이에서 늘 갈등했다. 그녀는 눈 뜨면 짐이 생각나고 보고 싶었고, 그를 만나면 스킨십의 유혹 때문에 괴로웠다. 그래도 그녀는 열정을 누르고 순결을 지켰다. 그런 그녀를 지금 시대 사람들은 구닥다리라고 할까? 그녀에게 상담을 청했던 많은 사람이 실제로 그녀의 조언을 못마땅하게 여겼다. 그것은 성경적인 말이지만 실천할 수 없다고 생각했던 것 같다.

  이처럼 신앙과 사랑을 전수하는 일은 만만치 않다. 대부분 부모 역시 사랑에 서툴다. 배우자를 어떻게 사랑해야 하는지 몰라 갈팡질팡하고, 자녀 사랑도 난감해한다. 애들 수만큼 다른, 카멜레온 같은 맞춤형 부모가 되어야 하지만 역부족이다. 그런데도 위로가 되는 것은 부모의 온전함과 자녀의 온전함에는 뚜렷한 인과관계가 없다는 것이다. 최후의 사사 사무엘이나 하나님의 마음에 합한 다윗 왕 같은 이들도 자식 때문에 고생이 이만저만이 아니었다. 완벽한 부모여야 자녀를 잘 키우는 것은 아니다.

  하나님은 사랑이시다. 하나님을 완벽하게 이해할 수 없듯이 사랑에 대해서도 그렇다. 완벽하게 사랑할 수 있는 존재는 하나님밖에 없으며, 사랑을 전수하는 것은 하나님께 기댈 수밖에 없다. 자녀들이 나보다 훨씬 깊고 넓게 사랑했으면 한다. 세상이 감당 못 할 사랑, 연약한 존재와 함께하는 사랑, 변함없이 꾸준한 사랑, 예쁘고 발랄하고 상냥한 사랑, 모든 벽을 뛰어넘는 사랑, 목숨도 아끼지 않는 사랑. 그저 사랑의 가능성과 잠재력을 믿어주고 응원 해주고 싶다.

> 사랑하는 자들아, 우리가 서로 사랑하자. 사랑은 하나님께 속한 것이니 사랑하는 자마다 하나님으로부터 나서 하나님을 알고 사랑하지 아니하는 자는 하나님을 알지 못하나니 이는 하나님은 사랑이심이라 (요한일서 4:7~8)

그림책 톺아보기

1. 자기 힘만 믿고 친구들을 괴롭혔던 티라노사우루스가 늙고 힘없어 도망가는 모습을 보면서 어떤 느낌이 드시나요?

2. 어린 트리케라톱스는 가장 힘세고 무서운 공룡이 티라노사우루스라고 합니다. 그 말을 들은 티라노사우루스가 트리케라톱스를 껴안으며 웃는데요. 티라노사우루스는 어떤 생각을 했을까요?

3. 어린 트리케라톱스들을 다른 공룡들로부터 지키는 티라노를 어떻게 보시나요?

4. 트리케라톱스가 기가노토사우루스로부터 아이들을 지켰습니다. 트리케라톱스는 힘보다 더 중요한 게 사랑이라며 눈물을 흘리는데요. 이 모습을 보면서 어떻게 느끼시나요?

▌삶을 변화시키는 질문

1. 당신의 사랑은 누구에게서 배운 것인가요?

2. 당신의 사랑을 전해줄 사람은 누구인가요?

3. 세상에는 사랑 말고도 힘보다 더 중요한 것들이 있습니다. 무엇일까요?

4. 당신에게 주신 하나님의 사랑을 구체적으로 표현해 보세요.

III. 사랑을 배웁니다

『사랑 사랑 사랑』
맥 바넷 글 / 카슨 엘리스 그림
김지은 옮김 / 웅진주니어

나의 사랑은 왜 영화와 다를까요?

사랑은 문학, 노래, 영화, 드라마 등에서 빠질 수 없는 소재다. '이별하는' 사랑 이야기가 훨씬 많지만 말이다. 아름답든 지저분하든 사람들은 잦은 이별을 한다. 데이트 폭력, 가스라이팅, 스토킹 등등 사랑이라는 이름으로 자행되는 폭력도 비일비재하다. 사랑하기가 두려워지는 이유다. 어떤 연인은 이별하면서 소송도 한다. 데이트 비용, 선물비, 대여금 등을 돌려받겠다는 소송이다. 이처럼 지극히 계산적인 행위를 사랑이라 부르고 싶지는 않다. 첫눈에 반하는 사랑, 평생 잊지 못하는 사랑, 청소년들의 풋풋한 사랑. 달콤하고 쌉싸름한 사랑만 있는 것은 아니지만, 나는 그런 사랑 이야기에 귀가 솔깃하다.

그런데 왜 낭만적으로 사랑하다가, '그 후로 오래오래 행복하게' 살 수는 없는 걸까? 지속적인 사랑은 정열적인 사랑의 감정 후에 찾아오는 일상적인 문제를 대하는 방식에 좌우되기 때문일 것이다. 어떤 커플이 사랑해서 가정을 이루게 되면, 애 낳고, 밥하고, 설거지하고, 빨래하고, 청소하고, 아기 보고, 집 고치는 일을 누가 대신해 주지 않는다. 낭만은 사라지고 귀찮은 희생만 남는다. 각자의 이기적인 본성이 충돌한다. 지극히 현실적인 문제가 사랑의 현안으로 대두된다. 뜨거운 열정이 식었을 때 사랑은 위기가 찾아오기 마련이다. 그래서 평소에 사랑의 본질에 관한 고민이 필요하다. 사랑이 뭐냐고 묻는다면 어떻게 대답해야 할까? 원제가 'WHAT IS LOVE?'인 그림책이 있다. 사랑을 알고 싶은 소년의 질문이다.

어느 날, 소년은 할머니에게 사랑이 뭐냐고 묻는다. 할머니는 오래 사셨으니까 정답을 알 것만 같았다. 그런데 할머니는 대답 대신 세상에 나가 보라고 한다. 소년은 사랑을 알기 위해 길을 떠난다. 길에서 만난 어부는 사랑이 '물고기'란다. "물고기는 네 손이 닿지 않는 먼 곳에서 희미하게 빛을 내며 팔딱팔딱 헤엄치지. 네가 그 물고기를 손에 넣고 나서 지금 무슨 일을 저지른 건지 깨닫는다면, 아마 너는 그 물고기에게 인사하고 바다로 돌려보낼 거야." 소년은 어부의 말을 이해할 수 없었다. "나는 물고기를 좋아하지 않는 걸요." 어부가 한숨을 쉬며 말했다. "네가 사랑을 어떻게 알겠니." 소년은 연극 배우에게도 물었다. 그는 사랑이 '박수갈채'라고 한다. 사람들이 환호성과 박수갈채를 보내면, 연극 배우는 자신이 살아 있다는 걸, 사람들이 자기를 우러러본다는 걸 알게 될 것이라고 한다. 이번에도 소년은 이해하지 못한다. 관객들은 결국 다 떠나갈 텐데…. 고양이는 사랑이 밤이라고 하고, 목수는 집이라고 한다. 농부는 씨앗, 병사는 칼날, 마부는 당나귀라고 한다. 사람들은 제각각 사랑에 관해 말해준다. 시인은 사랑에 대한 긴 목록을 갖고 있다고 한다. 소년이 들으려고 하지도 않고 떠나자, 시인은 소리친다. "넌 사랑을 하나도 몰라." 소년은 사랑을 찾아 떠났던 긴 여행을 마치고 다시 집으로 돌아온다. 사랑이 뭔지 알게 되었을까?

소년은 오랜 세월, 사랑에 대해 다양한 답을 들었다. 답을 찾았냐는 할머니의 질문에, 그저 웃으며 "네."라고 대답한다. 소년은 할머니를 꼭 안아 드렸다. 소년이 집으로 돌아왔을 때, 자기를 기다리는 환한 불빛, 자기를 위해 매일 준비된 밥 짓는 냄새, 자기를 보고 반갑게 짖어주는 강아지를 만난다. "드디어 돌아왔구나."라고 나직하게 말씀하시는 할머니도 만날 수 있었다. 소년은 그곳이 자기가 살고 사랑해야 하는 곳이라 선포하듯, 화단의 흙에 발을 단단히 디뎌 본다. 그리고 가만히 숨을 내쉬었다. 자기가 땅속 깊이 뿌리내리고 살아야 하는 곳에 사랑이 있었다. 지금, 여기, 함께하는 사람들과 사랑하지 못하면서 사랑을 논하는 건 터무니없고 어리석다.

사랑은 현실에 근거한다. 현실 속에서 작은 일 하나 헌신할 수 없다면 그것은 사랑이라 할 수 없다. 예를 들어, 보육원에 있는 아이들을 불쌍히 여겨 물질을 쓰고 그들을 위해서 기도하지만, 자기 자녀들에게는 신경도 안 쓴다면 그건 사랑의 가면을 쓴 '자기의'라고 할 수밖에 없다. 주위 사람들의 필요를 채우고, 마음을 쓰며, 헌신하여 섬길 수 있어야 사랑이다. 그림책 속 소년은 여기저기 사랑을 묻는 것으로는 진정한 사랑을 알 수 없다는 걸 깨달았을 것이다. 실제 삶에서 사랑해야 '찐사랑'이다. 그는 집으로 돌아와 자기를 사랑해 주었던 할머니와 만난다. 거기서 소년은 진정한 사랑을 다시 시작할 것이다. 이처럼 사랑은 지극히 현실적이기에 진리와도 맞닿아 있다.

사울의 딸, 미갈의 사랑은 어떠했었나? 하나님의 궤가 다윗성으로 옮겨질 때, 다윗은 여호와 앞에서 뛰놀며 춤을 추었다. 그 모습을 보고 미갈은 다윗이 천박하다고 업신여긴다(사무엘하 6:16). 원래 미갈은 다윗을 사랑했었다. 미갈이 별 볼 일 없는 집안의 막내아들 다윗을 사랑하기 시작했을 때는 순수했을 것이다. 사울은 큰딸 메랍을 다윗에게 주려다가 둘째 딸 미갈이 다윗을 사랑한다는 걸 알고 그 일을 좋게 여겼다. 그래서 사울은 미갈을 미끼로 다윗을 블레셋 사람들의 손에 죽게 하려는 계략을 짰다. 계략대로 되지는 않았지만, 다윗은 블레셋 사람의 포피 이백 개로 미갈을 아내로 맞이했다. 사울이 다윗을 죽이려 할 때, 미갈은 그를 몰래 성 밖으로 도피시키기도 했다. 그 후 사울의 강요로 발디엘과 결혼했다가 사울이 죽은 후 다시 다윗의 아내로 돌아왔다. 다윗을 사랑한 이유밖에 없는데, 그녀의 인생은 파란만장했다. 다윗에게는 이미 두 명의 아내가 있었고, 이후 많은 후궁이 건재했다. 그 여인들과 사이좋게 잘 지냈을 거라는 순진한 상상은 못 하겠다. 그녀는 죽는 날까지 자식이 없었다. 다윗과의 관계가 단절되어 버린 것이다.

미갈의 말이 일리가 없는 것은 아니었다. 왕이 체통 없이 백성들 앞에서 몸을 드러내며 춤을 추었기 때문이다. 하지만 다윗은 미갈에게 이렇게 대답한다. "이는 여호와 앞에서 한 것이니라. 그가 네 아버지와 그의 온 집을 버리시고 나를 택하사 나를 여호와의 백성 이스라엘의 주권자로 삼으셨으니 내가 여호와 앞에서 뛰놀리라."(사무엘하 6:21) 이스라엘의 왕으로 삼으신 하나님의 은혜에 감격하며, 넘치는 기쁨을 주체하지 못한 다윗의 몸짓을 누가 조롱할 수 있을까? 그는 하나님의 사랑 안에서 춤추었다. 그 모습을 상상해 보면, 그의 하나님 사랑이 진정성 있게 느껴진다. 반면, 미갈의 사랑은 달리

보인다. 미갈이 진실을 말하는 듯하지만, 그것은 하나님의 마음을 헤아리지 못한 자의, '빗나간 기소 의견' 같다. 다윗의 마음을 하나도 이해하지 못한 자의 비웃음일 뿐이다. 사랑이 빠진 '팩트'는 진실을 담을 수 없다. 미갈은 자기 아버지 사울이 죽고 다윗이 그 자리를 차지했으니 기쁠 수 없었을 것이다. 그래도 다윗이 왕 된 것은 하나님의 뜻이었다. 그녀처럼 하나님의 시선을 가지지 않는 사람은 진리 안에서 기뻐할 수 없다.

하나님께서는 공중의 새를 먹이시고, 들의 백합화를 자라게 하신다(마태복음 6:26, 28). 생명을 이어갈 수 있도록 돕는 것이 사랑이다. 예수님은 사랑하라고 말로만 하시지 않았다. 그래서 예수님은 무엇을 먹을까, 마실까, 입을까 염려하지 말라(마태복음 6:31)고 하셨다. 인간의 생존에 필요한 것을 이미 알고 계셨기 때문이다. 귀신 들린 자에게서 귀신을 쫓으시고, 배고픈 백성들을 먹이셨다. 보지 못하는 자를 보게 하시고, 못 걷는 사람을 걷게 하시며, 죽은 자를 살리시고, 가난한 자에게 복음을 전파하셨다(누가복음 7:22). 예수님은 사람들의 실제적인 필요를 채우셨다. 그것이 하나님의 마음이다. 하나님께서는 성도와 교회가 그 마음을 이어가기를 원하신다.

> (사랑은) 불의를 기뻐하지 아니하며 진리와 함께 기뻐하며
> (고린도전서 13:6)

그림책 톺아보기

1. 사랑이 뭐냐고 묻는 소년에게 할머니는 세상에 나가 보라고 합니다. 소년은 사랑의 의미를 찾아 길을 떠나는데요. 당신은 소년이 사랑의 의미를 찾았다고 생각하시나요?

2. 어부는 사랑이 물고기라고 말합니다. 소년은 그 말을 이해할 수 없습니다. 당신은 어부의 말을 어떻게 생각하시나요?

3. 연극 배우는 사랑이 박수갈채라고 했지만, 소년은 관객들이 결국 다 떠난다고 말했습니다. 이들의 대화에서 어떤 느낌이 드시나요?

4. 소년이 집으로 돌아와서 땅에 발을 묻는 장면을 어떻게 보시나요?

삶을 변화시키는 질문

1. 당신의 삶의 경험을 담아 사랑을 정의한다면 무엇이라고 할 수 있나요?

2. 당신은 누구와 있을 때 가장 깊은 사랑을 느끼나요?

3. 당신이 삶 속에서 하나님의 사랑을 느낄 때는 언제인가요?

4. 고린도전서 13장에서 당신이 가장 잘할 수 있는 사랑의 특성은 무엇인가요?

『파랑 오리』

릴리아 글·그림
킨더랜드

가족이란
무엇일까요?

아이들이 어렸을 적에 <아무도 모른다>라는 영화를 봤다. 아빠가 다른, 네 명의 미등록 유기 아동들의 비참한 삶을 담담하게 그린 영화다. 영화가 실화를 바탕으로 했지만, 현실은 더 참담했다. 주인공 아이들의 엄마는 막내의 죽음을 뉴스로 보고 '내 이야기인가?' 하면서 경찰서에 갔다고 한다. 영화와 달리 장남은 동생들을 돌보지 않았고, 막내의 죽음은 장남 친구들의 집단 폭행 때문이었다. 도대체 가족, 부모 자식, 형제란 어떤 의미일까?

그 감독이 또다시 유기 아동의 이야기를 들고나왔다. 고레에다 히로카즈의 2022년 작 영화 <브로커>는 유기 아동 브로커의 이야기를 다루지만, 이면에 '가족이란 무엇인가'라는 묵직한 주제가 있다. 상현과 동수는 아기를 원하는 부모에게 유기 아동을 파는 브로커다. 상현은 소영의 아이(우성)를 연결해 주려고 하다가, 일이 꼬여 소영과 함께 우성을 맡아줄 부모를 찾아 나선다. 소영과 브로커들, 보육원 아이까지 모두 우성의 평안과 행복을 바라는

III. 사랑을 배웁니다

듯이 그러진다. 그들을 몰래 따라다니는 형사들까지 말이다. 우리는 이들을 가족이 아니라고 말할 수 있을까?

잊히고 버려지는 존재의 범위가 더 커지고 다양해지는 시대다. 고독사하는 노인의 수가 증가하는 반면, 한쪽에서는 출생신고조차 되지 않은 아이들 이야기가 수면 위로 떠오르고 있다. 2023년 6월, 미등록 아동을 보호하기 위해 소위 '출산통보제'법이 국회에서 통과되었지만, 여전히 논란거리다. 위기 임산부(혼전 임신, 청소년 임신, 혼인 중 불륜 임신, 가정폭력 피해 임신, 외국 국적 임신, 빈곤 가정 임신, 고령 임신, 정신장애 임신, 노숙 임신, 장애우 임신, 약물복용 임신, 기형아 임신)를 보호할 것인지, 아동을 보호할 것인지, 쉬운 결정은 아니겠다. 출생 사실을 알리고 싶지 않은 일이 점점 많아지는 것 같다. 가정이 쉽게 깨지고 아이들이 위험지대로 내몰리는 것처럼 반려동물들에게도 예외가 없다. 반려동물은 유기 동물로 격하되고, 유기동물보호소는 늘 만원이다. 명칭에는 '보호'가 들어가 있지만, 완전한 보호는 이루어지지 않는다. 유기 동물 중 절반 정도만 주인을 찾거나 입양되고, 나머지는 방사, 안락사, 폐사된다. 인간에겐 자기만의 사정과 사연이 있겠지만, 버려진 존재는 처량하고 아프다. 그런 존재를 거두어 기르려면 얼마나 큰 사랑이 필요할까.

『파랑 오리』에는 엄마와 헤어진 아기 악어가 나온다. 버려진 것인지 엄마를 잃어버린 것인지 알 수 없다. 지나가던 파랑 오리가 아기 악어를 따뜻하게 안아주며 달랜다. 아기 악어가 잠든 사이 파랑 오리는 엄마 악어를 기다리다가 '괜찮겠지' 하며 자리를 뜬다. 그때 아기 악어가 깨어나 파랑 오리의 다리를 꽉 잡고 늘어지며 외친다. "엄마!" 파랑 오리는 아기 악어를 지켜주고 키웠다. 매일 수영하는 법도 가르쳐주었다. 파랑 오리는 아기 악어를 배 위에 올려놓고 물 위에서 낮잠을 잔다. 그러면서 하는 생각. "나는 세상에서 제일 행복한 엄마야." 이 파랑 오리는 웬만한 사람보다 훌륭한 것 같다.

파랑 오리가 아기 악어를 키울 마음을 먹었을 때, 단순히 불쌍히 여기는 감정만 있지는 않았을 것이다. 아기 악어 소리를 듣고 엄마 악어가 달려오면 어떡하지? 아기 악어가 커서 악어의 본성을 깨우치면 어떡하지? 먹이 구하는 법은 어떻게 가르치지? 새끼 오리를 낳으면 어떻게 될까? 항상 불안과 염려 속에서 살았을 법한데, 파랑 오리는 그냥 새끼 오리를 키우는 엄마 오리 같다. 세세한 부분에서는 다르겠지만, 육아의 본모습은 그대로다. 파랑 오리의 헌신적인 양육에 힘입어 아기 악어는 잘 컸고, 파랑 오리는 다 자란 악어를 보면 마음이 든든했다. 그런데, 어느 날부터인가 파랑 오리의 기억들이 조금씩 도망가기 시작했다. 파랑 오리는 자기 앞에 서 있는 악어를 보면서 기겁을 했다. 파랑 오리의 기억은 왔다 갔다 했고, 악어는 파랑 오리를 아기 키우듯 돌보았다. 돌봄의 역전이다.

사십 대 후반에 늦둥이를 낳았다. 막내 기저귀를 갈고 목욕시키는 일의 절반이 내 담당이다. 그런 와중에 어머니가 아버지 목욕을 나한테 일부 넘기셨다. 체력이 많이 약해지셔서 도저히 못 하시겠다고 한다. 일주일에 한 번, 아버지를 목욕시키면서 마음이 복잡하다. 아버지와 아들, 목욕을 혼자서 할 수 없는 두 존재를 만나는 일은 고되다. 나도 어떻게 될지 모른다는 생각이 떠오르면 감정선이 얼기설기 엉킨다. 기대와 실망, 순종과 배신, 무기력과 수치심, 불안과 좌절감, 후회와 뻔뻔함. 이 모든 것을 이길 수 있는 한

가지 사실은 돌봄은 계속되어야 한다는 것이다. 우리는 서로를 돌보아 함께 삶을 이어가야 하기 때문이다.

진심 어린 돌봄은 사랑이다. 서로의 돌봄이 이루어지는 곳에 가족이 있다. 피를 나누어야만 가족은 아니다. 그림책에는 소위 '비정상'이지만 아름다운 가족이 많이 등장한다. 마리안느 뒤비크의 『난 네 엄마가 아니야!』에는 뭔지 모를 털복숭이 동물이 다람쥐를 엄마라며 쫓아다닌다. 알에서 깨어나 처음 본 게 다람쥐였기 때문이다. 백희나 작가의 『삐약이 엄마』에서는 고양이가 병아리를 낳고 키운다. 미야니시 타츠야의 『고 녀석 맛있겠다』에는 안킬로사우루스가 티라노사우루스에게 아빠라고 한다. 자기 이름을 불러주었다는 게 이유다. 이들은 자기들을 엄마 아빠라고 따라다니는 아이들을 외면하지 않는다. 인간 사회에서의 돌봄은 생각보다 공적인 일이다. 가족이 확장되면 돌봄도 커진다. 마을 공동체가 살아있다면 아이들은 마을 전체의 돌봄을 받을 수 있다.

하나님은 돌보시는 분이시다. 모든 염려를 다 주께 맡기라 하신다. 특히 공동체 안에서 약자들이 돌봄 받기를 원하셨다. 고아, 과부, 이방인으로 대표되는 약자들이 살 방편을 율법으로 천명하셨다. 모세는 그의 고별 설교에서, 밭에서 곡식을 거둘 때에 이삭을 밭에 남긴 채 잊고 왔다면, 그것은 떠돌이나 고아나 과부에게 돌아갈 몫이니 남겨두라고 한다(신명기 24:19). 올리브나 포도를 딸 때도 한번 지나간 다음 되돌아가지 말라고 한다. 가난한 자들에게는 날을 넘기지 말고 해지기 전에 품삯을 주어야 한다. 이방인과 고아에게 억울한 일이 없게 하고, 과부에게서 그 겉옷을 담보물로 잡지 말라 한다. 지극히 작은 자를 돌보는 것은 하나님을 예배하는 일이다.

율법이 늘 잘 지켜지는 것은 아니었다. 초대교회에서 돌봄 시스템에 문제가 발생한 적이 있었다. 성도 수가 늘면서 그리스파 유대인들이 히브리파 유대인들에게 불만이 생겼다. 음식을 분배받는 일에서 그리스파 과부들이 빠졌기 때문이다. 열두 사도는 제자들을 모두 불러놓고 식량 배급을 전담할 일꾼을 뽑자고 했다. 신망이 두텁고 성령과 지혜가 충만한 사람 일곱이 뽑혔다. 성도들을 세심하게 돌보기 위해 믿음과 성령의 충만함이 필요했다. 덕분에 사도들은 전도와 기도에 전념할 수 있었고, 하나님을 믿는 이들이 부쩍 늘어났다.

돌봄은 서로 책임지겠다는 의지이다. 누구나 돌봄의 대상이 될 수 있어서 돌봄은 필연적이다. 강자가 늘 강자로 남을 수는 없다. 약함을 거부하거나 수치스럽게 생각하면 공동체에서 살기 힘들다. 부모가 자식을 돌보다가 나이 들어 반대의 처지가 될 때, 순순히 받아들이기가 어려울 것 같다. 흔쾌히 도움받을 수 있는 노인으로 늙고 싶다. 자신의 약함을 인정하고 타인의 돌봄을 받아들이면 공동체를 건강하게 세울 수 있을 뿐만 아니라 개인도 성장한다. 서로 돌보는 사랑의 공동체가 오래간다.

> 하나님 아버지 앞에서 정결하고 더러움이 없는 경건은
> 곧 고아와 과부를 그 환난 중에 돌보고
> 또 자기를 지켜 세속에 물들지 아니하는 그것이니라 (야고보서 1:27)

▌그림책 톺아보기

1. 파랑 오리는 울고 있던 아기 악어를 달래서 재우고 돌아가려고 했지만, 아기 악어가 깨어서 파랑 오리의 다리를 잡고 엄마라고 불렀습니다. 파랑 오리는 무슨 생각을 했을까요?

2. '나는 세상에서 제일 행복한 엄마야.'라고 생각하는 파랑 오리를 보면서 어떤 느낌이 드시나요?

3. 파랑 오리가 악어를 기억하지 못할 때가 늘어났지만, 악어는 파랑 오리를 떠나지 않았습니다. 파랑 오리를 돌보는 악어를 어떻게 생각하시나요?

4. '나는 엄마의 아기였지만, 이제 엄마가 나의 아기예요.'라는 말에서 어떤 감정이 느껴지시나요?

삶을 변화시키는 질문

1. 당신은 무책임하게 버려지는 생명에 대해 어떻게 생각하시나요?

2. 공동체 안에서의 돌봄에 대해 어떻게 생각하시나요?

3. '돌봄의 역전'에 대해 어떤 느낌이 드시나요?

4. 교회 공동체 안에서 이루어져야 할 돌봄에는 어떤 것이 있을까요?

우리를 돌아봅니다

『우리 집 식탁이 사라졌어요』
피터 H. 레이놀즈 글·그림
류재향 옮김 / 우리학교

같이
먹는 게
왜
중요할까요?

 우리 가족은 홈스쿨링을 한다. 온종일 집에서만 공부하는 것은 아니다. 정규 학교에 가지 않을 뿐, 온 마을과 도서관과 자연과 가상 세계가 학교다. 그런데 어느 곳에서 공부하든 밥은 먹어야 한다. 우리 집은 온 가족이 집에서 밥을 먹는다. 하루 한 끼를 먹어도 반찬 걱정을 하는데 하루 세끼라니, 준비하는 사람에게는 여간 성가신 일이 아닐 수 없다. 아이들은 밥을 먹으며 다음 식사 메뉴를 묻는다. 그러니 다음 식사가 어떻게든 해결되어 있으면 한결 느긋하다. 간혹 아들이 요리할 때가 있는데, 그때는 무조건 맛있다. 남이 해주는 밥이니까.

 윤가은 감독의 〈우리 집〉이라는 영화가 있다. 주인공인 12살 하나는 이혼 위기에 있는 가정의 둘째 딸이다. 그래서인지 가족끼리 함께 밥을 먹고, 가족여행을 가는 것에 집착한다. 왠지 그렇게 하면 부모의 이혼을 막을 수 있을 것 같았나 보다. 마지막 장면에서 오랜만에 온 가족이 식탁에 모이지만, 이미 부모는 이혼을 결정한 상태였다. 가족이 식탁에서 마주할 수 없는 현실은 공동체가 무너졌다고 할 수 있는 문제이다. 하나는 그 상황의 심각성을 인식했다. 상황을 되돌리려고 안간힘을 쓰지만, 결국 실패하고 만다. 공동체가 있어도 함께 밥 먹고 싶은 사람이 없다면, 공동체가 그 역할을 제대로 못 하는 게 아닐까? 요즘은 1인 가구도 늘어서 혼밥이 일상이 되어버렸다. 우리나라는 1인 가구 비율이 2021년 기준으로 33.4%(전국)에 달한다. 7백만이 넘는 사람들이 혼자 살아서 집에 가면 함께 밥 먹을 사람이 없다는 말이다. 다 함께 옹기종기 모여 식사를 할 수 없다면 식탁의 중요한 의미가 사라질 것이다. 식탁도 사라지고 싶지 않을까?

세계적인 그림책 거장 피터 H. 레이놀즈의 작품『우리 집 식탁이 사라졌어요』는 그런 상상을 그림책으로 만들었다. 바이올렛은 어렸을 때의 추억을 떠올린다. 가족이 함께 장을 보고, 상을 차리고, 요리하고 식사를 했던 추억, 다 같이 웃고 노래 부르던 추억, 특별한 날을 기념하며 함께 나눴던 추억은 이제 흐린 기억 속의 장면이 되어 버렸다. 바이올렛은 혼자서 식탁에 앉아 밥을 먹고, 가족들은 뭐가 그리 바쁜지 다른 곳에 흩어져 있다. 아빠는 안락의자에서 TV를 보고, 엄마는 휴대전화로 채팅을 하고, 오빠는 인터넷 게임을 했다. 바이올렛은 몹시 외로웠다. 그러던 어느 날, 바이올렛은 깜짝 놀랐다. 주방에 있는 식탁의 크기가 줄어 있었기 때문이다. 그다음 날, 식탁은 더 줄어버렸다. 주말이 되자, 식탁이 감쪽같이 사라져 버렸다. 추억을 떠올렸던 바이올렛만 그 사실을 알았다. 의자 네 개만 놓여 있는 주방. 바이올렛은 그 자리에 서서 결심했다. 무엇을 해야 할지 깨달은 것이다.

누군가와 함께 하는 것은 소중한 경험이다. 그중에서도 같이 밥을 먹는 것은 더욱 특별하다. 그래서 우리말에 '식구'라는 말이 있는가 보다. 오인태 시인은 '밥을 같이 먹는다는 건 삶을 같이 한다는 것'이라고 했다. 그렇다면 밥을 같이 먹는 사람이 많다는 건 삶의 여정을 함께하는 사람이 많다는 의미일 것이다. 예전에는 먹는 일이 공동체와 관련된 일이었다. 곡식과 채소와 과일은 마을 사람들이 같이 재배하고 나누어 먹었다. 바다에 나가 고기를 잡는 일도 협력이 없으면 안 될 일이었다. 쌀농사 같은 것은 품앗이를 통해 함께하지 않으면 할 수 없었다. 논과 밭에서 먹었던 새참은 마을 사람들이 삶을 같이했다는 것을 말해준다.

도시인은 음식 재료를 사서 먹기 때문에 생산자들과 별로 관계가 없다. 도시와 농어산촌의 삶이 서로 단절되어 있어서, 공동체 의식을 갖기 어렵다. 〈리틀 포레스트〉, 〈인생 후르츠〉 같은 영화를 보면, 텃밭을 일구어 직접 채소와 과일을 가꾸는 일, 수확하고 저장하는 일, 가족을 위해 음식을 준비하는 일에는 굉장한 수고와 정성이 필요하다는 것을 알 수 있다. 이런 일들이 그리워지는 건 공동체가 그립다는 말일 것이다. 누군가와 같이 밥을 먹으려면 시간적, 물질적 여유가 있어야 한다. "언제 한 번 같이 식사하자."라고 함부로 말할 수도 없다. 인간관계가 소원해질 수밖에 없는 이유다.

먹는 것은 마음과도 연결된다. 힘들 땐 잘 먹어야 마음도 회복할 수 있다. 마음이 편해야 잘 먹을 수 있고, 잘 먹어야 마음이 편안해지는 건, 참 오묘한 일이다. 혼자 잘 먹는 것도 건강에 좋겠지만, 여럿이 함께, 즐겁고 편안한 분위기 속에서 먹으면 왠지 더 피가 되고 살이 될 것 같다. 누군가와 어색한 관계가 되었을 때는 같이 밥이나 술을 먹으며 푼다. 스트레스는 회식을

Ⅳ. 우리를 돌아봅니다

통해 풀기도 한다. 사랑하는 사람이 생기면 같이 맛있는 음식을 먹으러 다니느라 바쁘다. 인간은 '함께 먹는 행위'를 통해 삶을 이어간다.

예수님은 먹이시는 분이었다. 예수님의 명성이 사람들에게 알려지면서, 예수님은 물론 제자들도 음식 먹을 겨를이 없었다. 예수님은 제자들에게 "너희는 따로 한적한 곳에 가서 잠깐 쉬어라."(마가복음 6:31)라고 하시면서, 제자들이 음식을 먹고 쉬기를 원하셨다. 예수님이 부활하신 후 디베랴 호수에 나타나셔서 하신 일도 제자들을 먹인 일이었다. "와서 조반을 먹으라."(요한복음 21:12) 베드로를 비롯한 제자들이 물고기를 잡으러 나갔으나 날이 새도록 아무것도 잡지 못했을 때, 예수님은 그물을 배 오른편에 던지라고 하셨다. 그물을 들 수 없을 정도로 물고기가 잡히자 제자들은 말씀하시는 분이 예수님이심을 알았다. 예수님은 제자들에게 지금 잡은 생선을 좀 가져오라고 하셨다. 떡과 생선을 준비하셔서 제자들을 먹이신 예수님의 모습은 어색하지 않고 자연스럽다.

성경에는 예수님께서 백성을 먹이시거나, 먹을 것을 챙기는 이야기가 자주 나온다. 목자가 양 무리를 먹이듯 말이다. 주님은 장정만 오천 명이 되는 사람들에게 떡과 물고기를 주셨다(누가복음 9:14). 날은 저물어 가는데 빈들에 앉아서 자기만 바라보고 있는 사람들을 외면하지 않으셨다. 사람들은 모두 배부르게 먹었고 남은 것이 열두 바구니였다. 또 다른 곳에서 사천 명도 먹이셨다. 그때는 일곱 광주리가 남았다. 이스라엘과 모든 민족의 구원을 상징하는 사건이었다.

예수님은 백성을 먹이실 뿐만 아니라, 심지어 당신을 "하늘에서 내려온 살아 있는 떡"이라고 하셨다. "내 살은 참된 양식이요, 내 피는 참된 음료로다."(요한복음 6:55) 예수님의 살과 피를 먹지 않는 자에게는 생명이 없다고 하셨다. 그래서 예수님은 목숨을 위하여 무엇을 먹을까 염려하지 말라고 하셨다(마태복음 6:25). 생명의 떡인 예수님을 먹으면, 우리는 아버지 하나님과 영원토록 하나가 된다. 말씀이 육신이 되어 우리 안에 거하시고, 주님 안에 우리가 거하는 은혜를 얻게 된다.

먹는 행위는 다른 생물의 죽음을 받아들이는 일이다. 음식물을 앞에 두고 경건한 태도가 필요한 이유다. 죽은 존재는 살아있는 몸과 하나가 되어 영원성을 획득한다. 그래서 하나 됨의 대상이 중요하다. 죄를 먹고 마실 것인가, 예수님을 먹고 마실 것인가. 하나님은 처음 만물을 창조하시면서 죽음이 삶을 지탱하는 구조를 만드셨다. 삶은 끊임없이 크고 작은 죽음을 요청한다. 내 생존을 위해서 최소한만 먹고자 하는 것은 자연과의 공생을 위함이다. 공동체에서 함께 먹는 것은 숭고한 죽음 앞에 같이 고개 숙이는 일이다. 함께 죽음을 이기고 승리하여 영생으로 나아감이다. 그렇기에 또한 축제의 장이 된다. 사랑하는 존재와 하나가 되는 것은 기쁨이다. 우리가 하나님과 하나 되는 일은 예수님의 몸을 먹고 피를 마시는, 예수님의 죽음을 믿는 것에서부터 시작한다.

나는 하늘에서 내려온 살아 있는 떡이니 사람이 이 떡을 먹으면 영생하리라 내가 줄 떡은 곧 세상의 생명을 위한 내 살이니라 하시니라 (요한복음 6:51)

IV. 우리를 돌아봅니다

그림책 톺아보기

1. 당신은 바이올렛 가족의 옛날 모습을 보면서 어떤 느낌이 드시나요?

2. 식탁의 크기가 점점 줄어들다가 사라졌습니다. 바이올렛은 무엇을 해야 할지 알게 되었습니다. 당신이라면 어떻게 하시겠습니까?

3. 바이올렛 가족은 함께 식탁을 만들고 온 가족이 함께 식사합니다. 당신은 이 장면을 보면서 어떤 느낌이 드시나요?

4. 그림책 속 그림의 색깔은 다양하게 변합니다. 인물과 배경 색깔의 변화는 어떤 의미를 나타낼까요?

삶을 변화시키는 질문

1. 당신의 가족들은 어떤 식사 시간을 보내나요?

2. 당신에게 가장 편한 공동체는 어디인가요?

3. '함께 먹는 것'의 의미는 무엇일까요?

4. 제자들에게 예수님과 함께 먹고 마셨다는 것은 어떤 의미일까요?

『엄마는 해녀입니다』
고희영 글 / 에바 알머슨 그림
안현모 옮김 / 난다

절제는 개인의 문제인가요, 공동체의 문제인가요?

내가 배불리 먹는 날이면 큰아들이 걱정스러운 눈빛으로 나를 본다. 이상하게 밥만 먹으면 〈맛있는 녀석들〉 '똥4'처럼 된다. 아들의 눈 화살은 여지없이 불룩한 내 아랫배에 꽂힌다. 아프지만 배는 안 들어간다. 한때 아들은 내가 체중계에 올라갈 때마다 얼른 달려와 숫자를 보기도 했다. 살이 빠졌다고 하면 자기가 빠진 것처럼 좋아했다. 내가 음식을 절제하고 살이 빠지는 게 나만의 문제가 아니었던가? 살찌는 것도 가족들 눈치를 봐야 한다.

〈우리들의 블루스〉라는 드라마에는 해녀 이야기가 나온다. 극 중 영옥은 악착같이 전복을 딴다. 한 개를 따고 다시 물로 올라와야 하는 규칙이 있지만, 그날 영옥은 세 개를 따고 올라오려다 그물에 걸리고 만다. 다른 해녀들은 한 치의 망설임도 없이 영옥을 구하러 들어간다. 그러다가 다른 해녀가 죽을 고비를 넘겼다. 해녀들은 물 밖으로 나와서 그날 자기들이 잡은 전복을 자루째 영옥 앞에 던진다. 그리고 영옥이 물질을 하면 자기들은 일하러 나오지 않겠다고 했다. 영옥, 한 사람의 욕심이 해녀 공동체 전체를 갈등의 소용돌이로 몰아갔다.

'행복을 그리는 화가 에바 알머슨'이 그림을 그려 색다른 매력을 주는, 해녀 이야기 그림책이 있다. 그림책 속 엄마는 제주 바다 해녀이다. 헤엄도 잘 치고, 물고기랑 전복이랑 미역이랑 문어를 잘도 잡는다. 할머니도 해녀이다. 할머니는 엄마보다 키도 작고 손도 작고 눈도 어둡지만, 할머니의 그물은 엄마의 그물보다 맨날 더 늘어져 있다. 할머니는 지금까지 단 한 번도 바다를 떠난 적이 없지만, 엄마는 할머니랑 달랐다. 바다가 지긋지긋하고 꼴도 보기 싫어서 도시로 나갔었다. 다시는 바다로 안 돌아오려고 했던 엄마는 도시에서 미용사로 일했다. 매일 반복되는 하루를 살다가 어느 날부터 귀가 아팠던 엄마는 다시 바다로 돌아왔다. 살기 위해서였다. 엄마는 파도 소리를 듣자마자 귓병이 나았다. 그리고 할머니를 따라 매일 같이 바다에 나가게 되었다. 그러던 어느 날 엄마는 바다 깊은 데서 주먹 두 개만큼 큰 전복을 발견했다. 밖으로 나갈 생각도 하지 않고 바위틈 사이에 손을 더 깊이 넣던 엄마는 정신을 잃었다.

엄마를 구한 건 할머니였다. "바다는 절대로 인간의 욕심을 허락하지 않는단다." 바다가 무시무시한 곳인데 왜 매일 들어가냐는 딸의 질문에 엄마는 "매일 들여다봐도 안 보이는 게 바다의 마음인걸."이라고 대답한다. 엄마는 언제쯤 바다의 마음을 알 수 있을까? 평생 물질을 했던 할머니는 바다의 마음을 조금이나마 아는 듯하다. 할머니는 욕심부리지 않고 바다가 주는 대로 감사하게 받는다. 사람이 욕심대로 바닷속에서 거둬들이면 어떻게 될까?

공기통 메고 들어가서 싹 훑어버리고 나면, 그다음엔 물질을 해도 얻을 것이 없을 것이다. 매일매일 바다가 주는 대로 받아 생계를 유지하는 해녀들의 지혜는 물질을 하지 않는 우리에게도 깊은 깨달음을 준다. 할머니가 엄마에게 잊지 않고 매일 하는 말. "오늘 하루도 욕심내지 말고 딱 너의 숨만큼만 있다 오거라." 오늘, 나에게 하는 말 같다.

일반적으로 절제는 개인의 영역으로 여겨진다. 음식을 절제하면 내 살이 빠지는 것이지, 옆 사람 옆구리 살이 빠지는 게 아니다. 내가 술을 절제한다고 해서, 절제하지 못한 회사 동료가 맨정신으로 집에 갈 수 있는 게 아니다. 그런데, 해녀들의 "아름다운 약속"을 살펴보니 공동체성이 짙다. 개인의 절제 여부가 해녀 공동체의 생사에 어마어마한 영향을 준다. 무절제한 욕심은 다른 해녀 가정의 생계를 위협할 수 있다. 그래서 해녀들 사이에는 규율이 강하고, 지키지 않는 사람을 공동체에서 배제하려는 경향이 강하다. 같이 살려면 그럴 수밖에 없는 것이다. 팀워크가 개인의 절제를 토대로 세워져 있는 것이다.

해녀들은 '바다밭'에 전복 씨, 소라 씨 뿌리고 아기 전복, 아기 소라는 절대로 잡지 않는다. '바다밭'을 꽃밭처럼 아름답게 가꾼다. 그렇게 가꾼 밭의 산물을 나는 대로 몽땅 수확하는 게 아니라, 딱 자기 숨만큼 머물면서 바다가 주는 만큼만 가져온다. 아름다운 약속은 다른 해녀와의 약속이기도 하지만, 바다와의 약속이기도 하다. 내 생명 이상의 것을 위해 다른 생명을 위협하지 않는 삶, 그것이 절제의 삶이다.

그렇다고 해서, 쾌락적인 요소를 완전히 억제하자는 게 절제는 아니다. 그것은 금욕이다. 너무 적게 욕망하는 거 역시 절제라고 할 수 없다. 제대로 욕망하고 적절하게 누릴 수 있어야 한다. 그러기 위해서는 이성적으로 공공선에 대한 관념이 있어야 한다. 남에게 피해가 가지 않는 행동이라면, 무엇을 하든 막을 이유가 없다. 혼자 사는 사람이 집안에서 아무것도 걸치지 않는 게 무슨 문제가 되겠는가? 그렇지만 그 상태로 집 밖을 돌아다니면 그때부터 공공선과 부딪힌다. 해녀 공동체에서는 자기를 비롯한 동료들의 생명이 공공선이다.

베드로는 왠지 절제와 거리가 먼 인물처럼 느껴진다. 그는 순수한 만큼 거침이 없다. 베드로는 바울처럼 '이방인의 사도'가 아니었다. 그런 그에게 이방인을 만나라는 하나님의 요구는 세 번이나 거부할 수밖에 없는 일이었다. 베드로가 기도 중에 환상을 보았다. 하늘에서 한 그릇이 내려왔는데, 온갖 부정한 것이 그 안에 들어있었다. 하늘에서 소리가 들려 그것을 잡아먹으라고 했다. 베드로는 단호하게 "주여, 그럴 수 없나이다."라고 거부한다. 하나님이 먹으라 하신 것을 거부할 정도로 율법은 베드로에게 강력하게 작용했다. 베드로는 유대인으로서 이방인과 교제하며 가까이하는 것이 위법이라는 것을 분명히 알았다. 그렇지만 "하나님께서 깨끗하게 하신 것을 네가 속되다 하지 말라."라는 말을 듣고, 가이사랴에 사는 고넬료를 찾아가 그의 집에서 설교하고 세례를 베풀었다. 하나님의 뜻에 따라 자기 생각을 내려놓고 더 나은 것을 선택한 것이 베드로의 절제다. 그는 결국 이방인 선교의 길을 열었다.

바울도 그랬다. 바울은 1차 선교여행 때 아시아를 다니며 말씀을 전했고, 재방문해서 사람들을 세우면 교회가 굳건해지리라 믿었다. 하지만 2차 선교여행 당시, 성령님은 바울의 아시아 선교를 막았다(사도행전 16:6~10).

마게도냐로 가라는 것이다. 바울은 마게도냐 첫 성인 빌립보에서 루디아를 만나 유럽에서의 첫 사역을 시작했다. 바울과 실라가 가는 곳마다 하나님의 사람들이 불일 듯 일어났다. 유럽의 관문이었던 마게도냐로 발길을 돌렸던 바울은 절제의 사람이었다. 선한 일, 특히 주님의 사역을 하면서 사람의 욕심을 앞세울 때가 있다. 조금만 더 하면 될 것 같고, 그것이 하나님의 뜻이라고 철석같이 믿고 확신한다. 그러다가 낭패를 보는 경우가 많다. 바울은 유럽인을 향한 하나님의 사랑을 깨달았고, 그것에 맞게 자기 생각과 욕망을 절제할 수 있었다.

절제는 가치지향의 생활밀착형 덕목이다. 절제는 용기나 정의처럼 예외적 상황에서 필요한 덕이 아니다. 매일의 삶에서 실천해야 하는 평범하고 작은 덕이다. 하지만 삶에 미치는 영향은 절대 적지 않다. 절제는 근면 성실과도 이어진다. 어제는 절제하고 오늘은 포기하는 일이 비일비재하지만, 내일 또 고민해야 한다. 할 것인가 말 것인가. 절제에도 선택의 문제는 중요하게 나타난다. 음식을 덜 먹는 것만이 절제가 아니다. 더 건강한 몸을 위한 음식을 선택하는 것도 절제이다. 상품을 적게 사는 것만이 절제가 아니다. 지구를 위해 착한 소비를 선택한다면 그것도 절제이다. 절제는 공동체를 위해 실천하는 '더 나은 선택'의 덕이다.

> 이기기를 다투는 자마다 모든 일에 절제하나니
> 그들은 썩을 승리자의 관을 얻고자 하되
> 우리는 썩지 아니할 것을 얻고자 하노라 (고린도전서 9:25)

그림책 톺아보기

1. "호오이~ 호오이~ 숨비소리." 딸은 엄마의 숨비소리를 들으면서 어떤 생각을 할까요?

2. 도시에 나가 미용사로 일했던 엄마는 어느 날부터 귀가 아팠는데, 바다로 돌아와 파도 소리를 듣고 귓병이 나았습니다. 엄마가 바다에 누워 있는 모습이 어떻게 보이시나요?

3. 죽을 뻔한 엄마를 끌어올린 할머니가 바다는 절대로 인간의 욕심을 허락하지 않는다고 말했습니다. 이 말이 어떤 의미로 다가오나요?

4. 바다밭에서 자기 숨만큼 머물면서 바다가 주는 만큼만 가져오자는, 해녀들의 아름다운 약속에 대해 어떤 생각이 드시나요?

삶을 변화시키는 질문

1. 당신이 해야 할 절제는 무엇인가요?

2. 당신이 해야 할 절제 가운데 공동체에 영향을 미치는 것은 무엇인가요?

3. 당신이 중요하게 생각하는 공공선은 어떤 것인가요?

4. 그리스도인으로 살아가면서 해야 할 절제는 무엇일까요?

『슈퍼 토끼』

유설화 글·그림
책읽는곰

어떻게
나만의
속도로
갈 수
있을까요?

요즘 대학 입시는 조금 과장하면, 엄마 뱃속에서부터 시작한다. 많은 사람이 유치원부터 고교 과정까지 앞만 보고 달려가 대학에 들어간다. 그것으로 끝이 아니다. 취업 준비도 열심히 해야 한다. 좁은 문이니까. 좋은 회사에 들어가면 끝이 아니다. 승진을 위해서도 죽어라 달려간다. 언제까지 이렇게 달려야 할까? 이런 삶에서 벗어나고자 하는 움직임은 꾸준히 있었다. 한때는 '욜로'가 유행했는데, 2022년 이후 '갓생'이 대세이다. 인스타그램 2022년 키워드는 '갓생(God+생)'이었다. '부지런하고 성실한 삶.' '갓생'은 끊임없이 자기 계발에 몰두하는 MZ 세대의 필수 덕목이라고 할 수 있다. 이에 발맞춰 가장 사랑받은 해시태그는 #공스타그램(#공부인증, #공부자극글귀, #스터디플래너 #노트필기 등 공부 관련 해시태그), #오운완(오늘 운동 완료) #만보걷기 등이었다. 갓생은 미래의 성공과 부를 거머쥐겠다는 자기 계발과 결이 다르다. 매일 작은 목표를 세우고 성취하면 그만이다. '밥 먹고 바로 눕지 않기', '일기 세 줄 쓰기' 등 자신을 사랑하고 칭찬해 줄 수 있을 만큼의 목표면 충분하다. 토끼처럼 열심히 살았던 기성세대는 아무래도 이해하기 힘들 수 있겠다.

빠른 건 토끼, 느린 건 거북이지만 경주에서는 거북이 이겼다. 그 이후에 거북과 토끼는 어떻게 되었을까? 유설화 작가의 『슈퍼 거북』과 『슈퍼 토끼』는 이 뒷이야기를 의미와 재미를 담아 들려준다. 거북은 경주에 이기고 난 후, 다른 동물들에게 의심의 눈초리를 받아야 했다. 거북이 생각만큼 빠르지 않았던 것이다. 거북은 열심히 훈련했고, 그 결과 엄청 빨라져 진짜 슈퍼 거북이 되었다. 그런데 사는 게 영 힘들다. 지치고 고단했다. 결국 느림보 거북으로 되돌아가서야 웃음을 찾을 수 있었다. (여기까지는 『슈퍼 거북』의 이야기이다.)

토끼는 어땠을까? 경주에 지고 나서 동물들의 웃음거리가 되었다. 체면이 말이 아니었다. 토끼는 자신의 패배를 부정하기도 하고, 분노가 일어나기도 했다. 괜찮다고, 아무렇지도 않다고 마음을 다독이기도 하고, 절망하기도 했다. 그러던 토끼는 어떤 일이 있어도 달리지 않기로 마음을 먹는데, 그것이 제대로 될 리 없다. "나는 이제 안 빨라!", "자나 깨나 달리기 조심." 작가는 토끼의 모습을 통해 엘리자베스 퀴블러 로스가 말한 슬픔의 다섯 단계(부정, 분노, 타협, 절망, 수용)를 적확하게 보여주지만, 유머러스하게 표현하고 있다.

그러던 어느 날, 토끼는 어쩌다 달리기 대회를 하는 동물들의 무리에 휩쓸렸고, 엉겁결에 숨이 턱에 닿도록 달리고 또 달렸다. 슈퍼 거북과 마찬가지로 슈퍼 토끼도 자기만의 속도를 되찾고서야 웃을 수 있었다. 두 눈에 파란 하늘을 가득 담고 달리는 동안 토끼의 심장은 어느 때보다 세차게 뛰고 있었다. 달리기 때문에 숨이 찬 게 아니었다. 자기의 속도에 맞춰 움직이니까 살맛이 난 것이다.

토끼의 달리기는 본능적이지만, 인간의 속도에는 여러 가지 요소가 작용한다. 능력, 환경, 성격, 의지, 감정, 문화에 따라 달라질 수 있다. 존재마다 다를 수밖에 없다. 중요한 것은 다름의 인정 여부이다. '너의 속도대로 움직여. 기다려 줄게.' 이런 말을 듣고 자란 아이들은 누구보다 삶에 여유가 있을 것이다. 하지만 우리나라 학교 현장은 경쟁의 시작점이고, 웬만해서는 빠져나올 수 없는 쳇바퀴 속이다. 학생들은 동급생들을 밟고 올라서야만 더 나은 미래(?)를 보장받을 수 있다. 학교는 강한 놈이 살아남는다는 적자생존을 구현해 내는, 동물의 야성이 충만한 곳이다. 그래서 제각각인 학생들의 속도는 인정될 수도 없고, 빠른 속도를 강요당할 수밖에 없다. 따라가지 못하는 학생은 뒤처지고, 학교와 사회는 그것을 당연하게 개인의 능력으로 돌린다. 게다가 학생들의 능력은 엄마의 능력이라고 흔히들 말한다. 뒷받침하지 못하는 부모를 원망하라고 하는 사회는 비관적인 세대를 길러낸다.

목수정은 『칼리의 프랑스 학교 이야기』에서 '속도에 대한 감각은 문화적'이라고 했다. 문화마다 속도가 다르고 사람마다 속도가 다르다. 각 가정의 문화가 다르다고 인정한다면 너무나도 당연한 결과이다. 그 다름이 인정되기 위해서 학교에서는 등수와 경쟁이 사라져야 한다. 대신 "넓고도 깊은 우정의 샘, 차고도 넘치는 예술 프로젝트, 상생과 연대의 지혜"가 채워질 수 있다면 좋겠다. 학교 문화를 바꾸면 학생들의 속도가 바뀔 수 있다. 사회의 문화가 바뀌면 사람들의 삶이 바뀔 것이다. 빠른 속도 덕분에 세계적인 경쟁 속에서 살아남았던 대한민국에서 느림의 미학을 노래하기가 쉽지 않겠지만, 그래도 누군가는 목소리 높여 외치고 있을지 모른다. 같이 가자고, 느려도 함께 가자고, 그래도 괜찮다고 말이다. 빨리 가고 싶은 욕망을 내려놓으면 함께 가는 즐거움은 배가된다.

우리 사회에서 자기만의 속도로 가기 위해서는 그 속도를 인정하고 어떠한 불이익도 주지 않는 사회적 배려가 필요하다. 아무 생각 없이 살아가면, 남들의 속도에 자기를 맞추게 되어 있다. 인생 오륙십 년을 살고 나서야 자기 속도를 찾는 사람들도 있다. 그동안 자기에게 맞지 않는 옷을 입고 살다가 뒤늦게 불편함을 토로하는 것이다. 다양성이 존중되는 사회는 우리 사회가 나아가야 할 방향이다. 제각각인 속도로 살아가는 사람들이 사는 세상이 아름답다. 빅토르 위고는 "무지가 사라질 때 비로소 자유가 시작된다."라고 했지만, 나는 속도에 관한 말로 바꾸고 싶다. '개인의 속도가 인정될 때 자유가 시작된다.'라고 말이다.

교회에서도 불편함을 느낄 때가 종종 있다. 다른 공동체도 그렇지만 교회 역시 같은 속도를 선호한다. 단체생활은 아무래도 유연함이 떨어지게 마련이다. 특히 큰 교회에서는 사역이 많아 개개인의 사정을 물을 여력이 없다. 교회의 가시적인 목적이 성도 개인의 영혼을 압도한다. 신앙의 개인차를 무시하고, 교회 예배나 행사에 참여하지 않으면 불신앙으로 비난하고 차별하기도 한다. 교회가 한 영혼을 세심하게 배려하고 사랑하기 위해 무엇이 필요할까? 야고보 사도는 듣기를 속히 하고 말하기와 성내기를 더디 하라고 한다(야고보서 1:19). 박해 가운데 있는 자들이 분열하는 이유는 서로 차별하며 악하게 판단하기 때문이다(야고보서 2:4). 그것은 상대방의 옳고 그름을 섣불리 판단하여 정죄하면서 공동체를 나누기 때문에 위험하다. '자기의'로 똘똘 뭉친 사람은 공동체의 악한이다. 같이 가야 할 형제들을 뒤로한 채 홀로 앞서나가 자기의 유익을 구하는 자들이다. 주님의 지체들이 서로의 이야기에 비판할 마음 없이 귀 기울일 수 있다면 교회는 달라질 수 있을 것이다.

자기주장이 세면 말이 많아지고, 상대방이 들어주지 않는다며 화를 내기 마련이다. 말이 많으면 실수도 자주 생긴다. 거칠게 말하고 남을 해치는 말도 서슴지 않는다. 야고보는 서로 비방하지 말라고도 했다. 이런 말들이 나쁜 이유는, 비방하는 자가 하나님의 역할을 빼앗기 때문이다. 입법자와 재판관은 하나님이시다. 그가 구원하기도 하시며 멸하기도 하신다(야고보서 4:12). 삶의 속도의 측면에서 보면, 악한 말과 화는 다른 사람의 속도를 불규칙하게 만든다. 자기 페이스를 유지하는 사람을 방해해서 혼란에 빠뜨리고, 공동체에도 혼란을 준다. 교회는 하나님 자리에 앉고 싶은 사람들의 모임이 아니다. 교회는 하나님을 사랑하여 하나님과 보조를 맞추고, 지체들과 보조를 맞춰 그리스도의 교회를 세워가는 사람들의 모임이다. 특히 성경에서 객과 고아와 과부와 이방인으로 규정되는 사회적 약자들과 속도를 맞추는 교회가 늘어날수록 하나님께서 기뻐하실 것이다.

자신의 속도를 잘 아는 사람은 자신의 능력, 환경, 성격, 의지, 감정, 문화 등에 관해 객관적으로 잘 아는 사람이다. 그리고 속도 조절을 잘하는 사람이다. 쉬어야 할 때는 아예 멈춰서 쉴 줄도 알아야 한다. 혼자 살면 혼자서 잘 조절하면 된다. 하지만 함께 생활하고 일하고 노는 사람들이 있다면, 그들과 어느 정도 보조를 맞춰야 한다. 자신의 속도를 무시하고, 무조건 다른 사람에게만 맞추라는 말이 아니다. 기꺼이 늦출 수 있는 마음, 연약한 자들과 보조를 맞추려고 하는 마음이 공동체를 세워가는 마음일 것이다. 공동체에서 자신의 속도를 잘 아는 사람은 가장 연약한 자의 속도를 아는 사람이다. 기쁘게 자기 속도를 늦춰 그들과 맞출 줄 아는 사람이다.

내 사랑하는 형제들아 너희가 알지니 사람마다 듣기는 속히 하고 말하기는 더디 하며 성내기도 더디 하라 (야고보서 1:19)

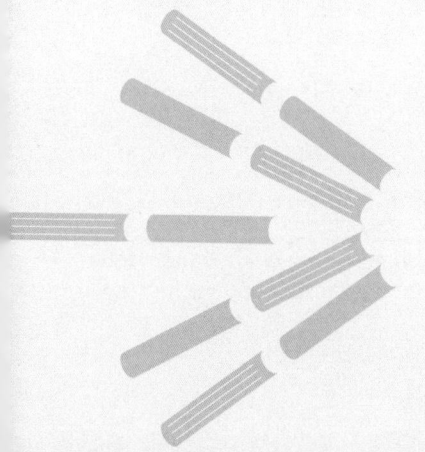

자신의 속도를 잘 아는 사람은
자신의 능력, 환경, 성격, 의지, 감정, 문화 등에
관해 객관적으로 잘 아는 사람이다.
그리고 속도 조절을 잘하는 사람이다.

그림책 톺아보기

1. 경주에 진 토끼 재빨라는 동물들의 웃음거리가 되었습니다. 동물들에게 변명하는 재빨라에 대해 어떤 느낌이 드시나요?

2. 재빨라가 온 도시를 통째로 없애버렸으면 좋겠다고 생각하는 장면을 어떻게 보시나요?

3. 재빨라는 달리지 않기 위해 무진장 노력했습니다. 당신은 그 장면을 보면서 어떤 생각이 드시나요?

4. 재빨라는 달리기 대회에 휩쓸려서 숨이 턱에 닿도록 달렸습니다. 누가 뭐래도 토끼는 달려야 한다면서 활짝 웃고 있는 재빨라를 어떻게 생각하시나요?

삶을 변화시키는 질문

1. 당신 삶의 속도는 당신에게 꼭 맞는 속도인가요?

2. 공동체 안에서 나만의 속도를 찾아가는 방법은 무엇일까요?

3. 공동체 안에서 연약한 자의 속도를 돌보아야 하는 이유는 무엇인가요?

4. 역사를 이루시는 하나님의 속도는 인간의 지혜로 알기 어렵습니다. 하나님의 속도에 맞추는 방법은 무엇일까요?

『고라니 텃밭』
김병하 글·그림
사계절

공동체를
위한
헌신이
왜
필요한가요?

 몇 년 전 동네에서 텃밭을 한 적이 있다. 야산의 서쪽이어서 그런지 볕이 잘 들지 않았다. 그래도 우리 가족은 땅을 고르고 손이 별로 안 가는 작물을 심었다. 마늘, 고구마, 땅콩을 심은 우리는 1, 2주에 한 번씩 밭을 들여다 보았다. 어느 날, 말로만 듣던 불청객이 다녀간 흔적이 있었다. 동물 발자국과 파헤쳐진 작물들. 화가 났다. 하지만 우리가 할 수 있는 일은 텃밭 주위에 울타리를 치는 것뿐이었다. 한동안 별 피해가 나지 않아서 좋아했지만, 작물이 한창 여물어야 할 때 또 한 차례 습격을 받았다. 마음이 상했다. 울타리를 더 튼튼하게 세웠다. 그런데 문득 이런 생각이 들었다. '내가 저들의 삶터를 빼앗은 것은 아닐까?', '먹을 게 없으니 자꾸 마을로 내려오는 건 아닐까?' 동물들에게 미안해졌다. 그러다가 수확할 때가 되었고, 우리는 5kg을 담는 종이상자 1개의 반도 되지 않는 고구마를 캤다. 땅콩은 줄기가 다 파헤쳐지고, 새들이 파먹어서 수확할 게 없었다. 마늘도 비슷한 정도였다. 그런데 특별히 기분이 나쁘지는 않았다. 무덤덤하게, 애들과 나는 그 상자를 들고 웃으며 사진을 찍었다. 우리 텃밭 같은 이야기를 다룬 그림책이 있다. 『고라니 텃밭』이다.

화가인 김씨 아저씨는 숲속에 작업실을 마련했다. 숙소 옆에는 텃밭도 만들었다. 가족들이 좋아하는 옥수수, 감자, 상추, 대파, 콩 등을 심었다. 날마다 물도 주고 잡초도 뽑았다. 풍성해진 텃밭을 보면서 행복했다. 주말에 가족들과 쌈 싸 먹을 계획도 세웠다. 그런데 다음 날 아침, 아저씨는 깜짝 놀랐다. 누군가 쑥갓이랑 상추를 몽땅 먹어 치웠기 때문이다. 어쩔 수 없이 쑥갓이랑 상추 모종을 다시 심었다. 하지만 다음날에 또 펄쩍 뛰었다. 새로 심은 쑥갓, 상추에 아욱이랑 치커리까지 몽땅 없어졌기 때문이다. 아저씨는 자기를 닮은 허수아비를 세웠다. 그렇지만 다음 날 아침, 아저씨는 또 화가 머리끝까지 치밀었다. 텃밭이 아주 엉망이 되어버렸기 때문이다. 그날 밤, 아저씨는 허수아비처럼 서서 텃밭을 지켰다. "부스럭!" 고라니였다. 아저씨는 고라니를 쫓아 온 산을 뛰어다녔다. 결국 아저씨는 달리기 선수 같은 고라니를 잡지 못했지만, 다시 모종과 씨앗을 심고 '울타리'를 세웠다. 한동안의 평화가 왔지만, 며칠 뒤 울타리는 넘어지고, 텃밭은 또 엉망이 되었다. 그날 밤, 아저씨는 고라니를 혼내주기 위해 새총까지 들고 기다렸다. 또다시 나타난 고라니! 이번엔 새끼 두 마리까지 함께 나타났다. 아저씨는 고라니들을 어떻게 했을까?

산에 가까운 밭은 야생동물의 피해가 크다. 그것도 모르고 야산에 텃밭을 하려던 우리 가족은 근처 밭에 둘러쳐진 어른 키만큼 높은 울타리를 보고 고개를 갸우뚱했다. '사람들이 와서 훔쳐 가나?' 울타리는 굉장히 위압적이었다. 웬만해선 넘거나 뚫지 못할 듯했다. 전기가 연결되어 있다는 말도 있었다. 그런데 한 번 당해보니까 김씨 아저씨의 마음을 200% 이해할 수 있었다. 동물들에게 미안했지만, 우선은 울타리부터 쳐야겠다고 마음먹었다. 울타리를 강력하게 치든가 아니면 밭을 하지 말아야 했다. 우리 밭에는 고라니와 멧돼지가 다녀갔었다. 인간의 무분별한 개발로 인해 살 곳이 사라지고, 먹을 것이 부족했던 동물들이 살기 위해 몸부림친 것이다. 가끔 지방도로를 운전하다 보면, 빡빡머리처럼 깎인 산을 만나게 된다. 인간이 잡목 제거라는 명목으로 동물들의 삶터를 없앤 것이다. 또 대량생산을 위해 산 중턱까지 밭을 만들고 있다. 먹을 게 없어 민가로 내려와 텃밭을 망치는 것은, 명백히 인간의 자업자득이다. 인간이 동물의 영역을 침범한 것이 먼저다. 그렇다면 이 문제를 풀어야 하는 것도 인간이 아닐까.

김씨 아저씨가 마주친 고라니 가족은 엄마와 새끼들이었다. 아저씨는 밤새 한숨도 못 자고 고민할 수밖에 없었다. 자기도 가족을 위해 텃밭을 일구었으니 텃밭을 포기할 수도 없고, 고라니 가족을 배려하지 않을 수도 없는 난감한 상황이 되어버렸다. 아저씨는 다시 씨앗이랑 모종을 심었다. 높고 튼튼한 울타리도 세웠다. 아무도 넘보지 못할 정도의 울타리였지만, 아저씨는 텃밭의 절반에만 울타리를 쳤다. 정성 들여 가꾸는 건 똑같지만, 텃밭 절반은 고라니 가족을 위해 내어주었다. 더 힘 있는 자가 힘자랑하지 않고 묵묵히 작은 자를 섬기는 희생이야말로 아름다운 헌신이다. 마틴 루서 킹은 "인생에서 다른 사람을 위해 무언가를 하는 것 이상의 위대한 일은 없다."라고 말했는데, 다른 동물, 식물 등을 위한 일도 위대하다고 말할 수 있다.

자연은 인간과 다른 생물이 공존하며 살아야 하는 장이다. 미야자와 겐지의 말처럼, 세계 전체가 행복해지지 않는 한 개인의 행복은 있을 수 없다. 백여 년 전 시애틀 추장은 "이 땅은 우리의 것이 아니다. 우리는 이 땅의 일부이다."라고 하지 않았나. 호모 사피엔스는 특히 반성이 필요한 종족이다. 무분별한 개발은 지구상 어떤 존재에게도 옳지 않다. 다행히도 요즘 공존과 지속 가능한 미래를 위한 '생태 전환 교육'이 실시되고 있다. 2020년부터 서울특별시 교육청은 '기후 위기 비상 시대, 인간과 자연의 공존과 지속 가능한 삶을 위해 개인의 생각과 행동 양식, 조직문화와 시스템까지 총체적인 전환을 추구하는 교육'을 실시하고 있다. 교육계와 학교에서는 환경에 관심을 가질 수 있는 새로운 소재를 찾아 교육과정과 연계하고 있다. 또한 정부는 기업들에 2025년까지 ESG(Environmental, Social and Governance) 의무 공시를 요구했다. 환경보호, 사회공헌, 지배구조가 지속 가능하도록 기업의 구조는 조정되고 있다. 함께 생존하기 위해 더 큰 희생과 헌신이 필요한 때가 도래했다.

초대교회는 모든 물건을 같이 쓰고, 자기 재물을 자기 것이라고 하는 이가 하나도 없었다. 성도들이 밭과 집을 팔아 그 돈으로 각 사람이 필요한 만큼 나눠 썼다. 그러니 가난한 사람이 아무도 없었다. 바나바도 밭을 팔아 그 값을 사도들 앞에 가져갔다(사도행전 4:32~37). 그것을 본 아나니아와 삽비라 부부는 자기 소유를 팔아, 그 값에서 얼마를 감추고 사도들 앞에 가져갔다. 부부는 베드로에게 질책을 받았고 갑자기 혼이 떠나 죽게 되었다. 헌금 좀 감추었다고 죽어야 하느냐고 묻는 사람도 있을 것이다. 하지만 성경은 분명히 그들이 "사탄이 네 마음에 가득하여 네가 성령을 속이고" 거짓말을 했다고 한다. 그리고 "사람에게 거짓말한 것이 아니요, 하나님께" 했다고 말한다(사도행전 5:3~4).

땅을 파는 것과 그 값을 사도들에게 가져오는 것은 선택의 문제였다. 그때 허영심이 그들을 자극했다. 바나바와 같은 명예를 얻고자 하는 패역한 허영심이었다. 그 과정에서 그들은 하나님을 업신여겼다. 그들은 고의로 자신을 속이고, 교회를 속이고, 하나님을 속였다. 그것은 교회의 순수성을 무너뜨릴 수 있는 치명적인 죄악이었다. 교회가 순수성을 잃어버리면 망할 수밖에 없다. 이스라엘이 가나안 땅에 들어가던 시절에도 그랬다. 아간은 여리고 성에서 전리품 일부를 감추다가 걸려 죽어야 했다. 그 때문에 이스라엘은 아이성 전투에서 패하고 삼천 명이나 죽었다. 이처럼 공동체를 위기로 몰아넣는 죄악을, 사도들은 좌시할 수 없었을 것이다. 성도들의 자발적인 헌신의 릴레이로 초대교회가 아름다운 공동체가 되었음을 기억해야 한다. 함께하고 싶다는 마음만으로 공동체가 유지될 수 없다. 공동체를 향한 누군가의 마음이 헌신으로 나타나고, 그 헌신이 계속 이어질 때 공동체가 살아남을 수 있다. 톨스토이는 다른 사람을 위한 희생을 진정한 사랑이라고 했다.

공동체의 기초는 예수님의 사랑이다. 하지만 골격은 성도들의 헌신으로 올라간다. 헌신은 처음에 뜨겁게 시작되지만, 오랫동안 지속되기 힘들다. 그때 또 다른 사람의 마음이 뜨거워져서 헌신을 이어갈 수 있다면 그것은 공동체에 큰 복이 아닐 수 없다. 그렇기에 공동체 의식은 헌신의 릴레이일 수밖에 없다. 지금 내가 헌신하고 있다면, 공동체를 위해 벽돌 한 장을 올리고 있다고 생각하면 된다. 너무 힘들어 쉬어야 하는 때가 오면, 마음 편히 쉬면 된다. 내가 헌신하지 않는다고 해서 공동체가 무너지지 않는다. 특히 하나님의 이름으로 모인 공동체는 쉽게 무너질 수 없다. 내가 쉬면서 힘을 얻어 다시 헌신할 수 있고, 또 다른 헌신자를 발견하게 될 수도 있다. 헌신 없는 사랑은 역시 격이 떨어진다. 그렇다고 무리하거나 강요당해서는 안 된다. 자기의 마음을 정성껏 쏟을 수 있는 정도에서 지혜롭게 섬길 수 있는 분위기가 형성되어야 한다.

> 믿음이 강한 우리는 마땅히 믿음이 약한 자의 약점을 담당하고 자기를 기쁘게 하지 아니할 것이라 (로마서 15:1)

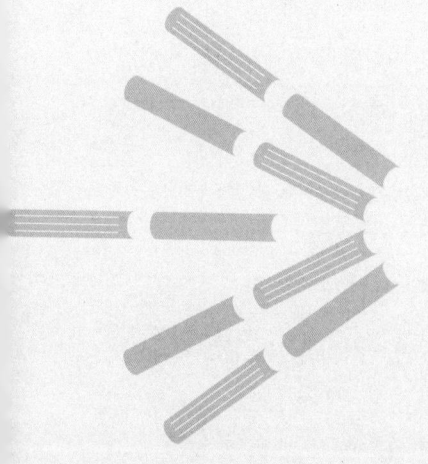

공동체의 기초는
예수님의 사랑이다.
하지만
골격은 성도들의 헌신으로 올라간다.

그림책 톺아보기

1. 숲속에 작업실을 마련한 김씨 아저씨는 텃밭을 만들었습니다. 그런데 고라니가 와서 김씨 아저씨의 채소들을 먹어버렸습니다. 김씨 아저씨의 기분은 어땠을까요?

2. 허수아비로 별 효과를 못 본 김씨 아저씨는 머리끝까지 화가 나서 직접 밭에 서 있었습니다. 그러다 고라니를 발견하고 쫓기 시작하는데요. 이 장면이 어떻게 다가오시나요?

3. 고라니 가족을 보고 밤새 한숨도 못 자는 김씨 아저씨를 어떻게 보시나요?

4. 김씨 아저씨는 텃밭의 절반에만 튼튼한 울타리를 세우고는 마음이 편해졌습니다. 김씨 아저씨의 고라니 텃밭을 보면서 어떤 느낌이 드시나요?

삶을 변화시키는 질문

1. 인간과 자연의 지혜로운 공존을 위해 당신은 무엇을 하고 있나요?

2. 당신은 공동체를 위해 어떤 '헌신'을 하고 있나요?

3. 당신이 지켜야 할 공동체는 어떤 것이 있나요?

4. 하나님이 당신에게 맡긴 공동체에서의 역할은 무엇이라고 생각하나요?

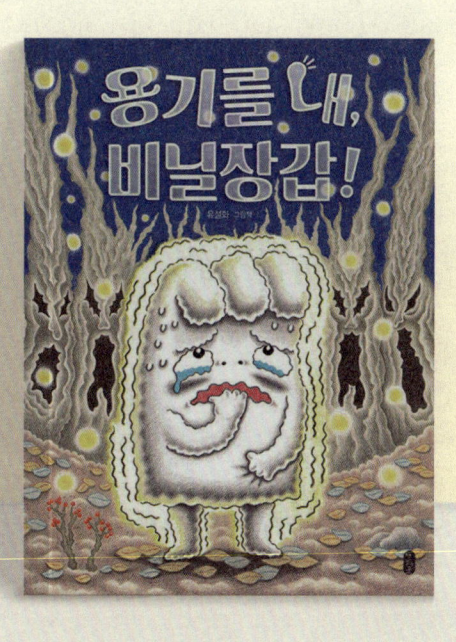

『용기를 내, 비닐장갑!』

유설화 글·그림
책읽는곰

무엇을
위해
용기를
내야
할까요?

　　대학 시절 휴학을 하고 호주로 어학 연수를 갔다. 여자 친구에게 같이 가자고 했다. 한 달 동안 기도하고 결정하자 했지만, 이미 마음속에서는 결정된 일이었다. 둘이서 큰 설렘으로 준비하던 중 양가 상견례를 했다. 출국 날짜가 얼마 남지 않아 결혼식을 하기는 빠듯했기 때문에, 혼인신고를 먼저 하자고 합의했다. 아내는 어렸을 때 A.D. 2000년에 결혼할 거라고 했다던데, 그 말은 현실이 되었다. 둘은 부부가 되어 남반구로 날아갔고 6개월 동안 신혼여행을 했다. 그중 절반을 머물렀던 곳이 있다. 은퇴한 영화배우와 모델 부부 집이었는데, 그들은 우리를 자식같이 대해 주었다. 영어는 물론이고, 여러 가지 일을 가르쳐주었다. 말 타는 법, 잔디 깎는 기계 운전하는 법, 도자기 타일 굽는 법, 페인트칠하는 법 등 한국에서는 해보지 못한 일들이었다. 그 집에 가기 전, 나는 떠듬떠듬 떨리는 목소리로 아저씨와 통화했었다. 나에겐 큰 용기가 필요했다. 잘 들리지도 않는 전화 통화만으로 우리의 거처

IV. 우리를 돌아봅니다

를 정한다는 것이 모험처럼 여겨졌다. 그 덕에 지금은 언어에 서툴러도 어디든 살 수 있겠다고 생각하게 되었다. 용기를 내면 어색하지만 따스한, 낯선 이들의 친절을 경험할 수 있다.

용기는 인간이 가져야 할 필수적인 덕목이지만, 현실에서 쉽게 눈에 띄지는 않는다. 위험이 클수록, 분명한 태도가 어려울수록, 그 행동을 해내는 이가 용감하다는 말을 듣는다. 뮤지컬 영화 〈영웅〉에서 조마리아 여사는 안중근 의사에게 항소 대신 용기 있는 죽음을 맞으라고 한다. "아들아. 네가 만약 늙은 어미보다 먼저 죽은 걸 불효라 생각한다면, 이 어미는 웃음거리가 될 것이다. 네 죽음은 한 사람의 것이 아니라, 한국인 전체의 공분을 짊어진 것이다. 네가 항소를 한다면, 그건 일제에 목숨을 구걸하는 짓이다." 이 내용이 담긴 조마리아의 편지는 우리에게 묵직한 감동을 준다. 보통 '영웅'은 하얼빈 거사의 안중근을 말하겠지만, 나는 그의 어머니와 가족, 독립운동에서 각자의 역할을 담당했던 독립군도 모두 영웅이라 생각한다. 그들은 '조국의 독립'이라는 선한 가치를 위해 목숨까지도 아끼지 않았기 때문이다. 그런데 용기가 단지 '대의'를 위해서만 필요한 것일까? 우리는 일상생활에서도 용기 내어야 하는 일과 늘 맞닥뜨리고 있다. 항상 '파르르' 떨고 있는 비닐장갑이 용기를 낸 이야기가 있다.

장갑 초등학교 아이들이 별빛 캠프를 가는 날이었다. 아이들 모두 들떠 있었다. 그런데 비닐장갑은 걱정이 이만저만 아니었다. 바람에 날아가면? 산불이 나면? 뱀이 먹으면? 거미줄에 걸리면? 비닐장갑은 지금이라도 돌아가는 게 낫겠다 싶었다. 하지만 정신을 차렸을 땐 이미 산을 오르는 중이었다.

다른 친구들은 신나게 노래를 부르며 산길을 올라갔다. 비닐장갑도 어쩔 수 없이 따라갔다. 드디어 그들은 산꼭대기에 도착했고, 캄캄한 하늘에 가득한 별은 멋졌다. 별 관찰을 마치고 내려가려는데, 하나밖에 없는 손전등이 확 꺼지고 말았다. 비닐장갑은 너무 무서워 눈물을 쏟았다. 쌍둥이 장갑의 줄을 잡고 한 줄로 서서 내려가는 길에, 그만 왼돌이가 나무뿌리에 걸려 넘어졌고, 선생님과 아이들이 뒤엉켜 데굴데굴 굴렀다. 모두 낭떠러지 아래 떨어졌는데, 비닐장갑만 위에 남았다. 그는 존재 자체가 가벼웠다. "비닐장갑아, 아무래도 네가 가서 어른들을 불러와야 할 것 같아!" 선생님이 소리쳤다. 비닐장갑은 몸과 마음이 파르르 떨렸다. 겁쟁이 비닐장갑은 친구들과 선생님을 도울 수 있었을까?

용기가 개인적 선택의 문제인 것 같지만, 공동체적인 요소도 매우 강하다. 자기 혼자만을 위한다면 안 했을 일을, 공동체를 위해서라면 하게 된다. 비닐장갑이 딱 그런 상황 속에 있었다. 혼자 남은 비닐장갑은 용기를 내어 발을 뗀다. 구조요청을 하러 갈 장갑이 자기밖에 없는 상황이었으니까 말이다. "하… 할 수 있다…" 숲속에서 노란 불빛이 어른거리는 게 보인다. 어느새 불빛이 하나둘 늘어난다. 비닐장갑은 너무 무섭다. 아무래도 안 되겠다며 울기도 한다. 하지만, 친구들과 선생님을 떠올리니 다시 용기를 내어야 할 것 같다. 비닐장갑은 두 눈을 질끈 감고 다시 한 발을 뗀다. 시간이 좀 지난 후 비닐장갑은 슬며시 눈을 뜬다. 사방이 빛으로 가득하다. 비닐장갑은 자기 속에 반딧불이들을 품고 구조요청을 하러 간다. 비닐장갑이 선생님과 친구들을 위해 용기를 내었더니 돕는 손길이 나타난다. 별빛 캠프 일행이 반딧불이를 품은 비닐장갑을 앞세우고 산에서 내려오는 장면에서, 비닐장갑의 자신감 넘치는 걸음걸이를 볼 수 있다. 얼굴 가득 기쁨이 넘치고, 두려움 따위는 하나도 보이지 않는다.

이후 비닐장갑은 용감한 장갑이 되었을까? 비닐장갑의 두려움은 모두 상상 속 산물이었다. 감당하지 못할 것들을 상상하며 혼자 괴로워할 필요는 없다. 자신감을 가지고 긍정적으로 생각하는 습관이 있어야, 우리 삶에 간헐적으로 나타나는 큰 어려움에 맞설 수 있다. 캐런 프라이어는 "사람으로 하여금 어려움에 잘 맞설 힘을 주는 습관"을 진정한 용기라고 말했다. 평소에 선한 가치관을 가지고 살아야 키워지는 덕목이다. 분별을 위해 지식과 지혜가 필요하다. 날마다 더 선한 가치관을 따라 선택하는 연습이 필요하다. 습관적으로 그 상황에 맞서야 한다. 비닐장갑이 어두운 숲속으로 자기를 던지듯 말이다. 그런데 여기서 비닐장갑이 용기를 낼 수 있었던 것은 반딧불이가 있어서 가능했다. 비닐장갑이 투명한 자신의 몸에 반딧불이를 받아들일 때 자신도 빛이 될 수 있었다. 그는 스스로 빛날 수 없음을 알고 자신을 비웠다.

용기의 관점에서 충분히 주목받지 못하는 성경 속 인물이 있다. 바로 '룻'이다. 그녀는 모압 여인이다. 엘리멜렉과 나오미가 두 아들 말론과 기룐을 데리고 모압 지방에 가서 살았는데, 엘레멜렉과 두 아들은 모두 거기서 죽고 만다. 나오미와 두 며느리는 중대한 결정을 내려야 했다. 오르바는 시어머니께 입 맞추고 울면서 헤어졌으나, 룻은 나오미를 따랐다. 나오미는 룻에게 "네 동서는 그의 백성과 그의 신들에게로 돌아가나니"라고 말하면서 룻을 돌려보내려 했다. 룻은 끝까지 나오미를 좇겠다고 했다. "어머니께서 가시는 곳에 나도 가고 어머니께서 머무시는 곳에서 나도 머물겠나이다. 어머니의 백성이 나의 백성이 되고 어머니의 하나님이 나의 하나님이 되시리니(룻기 1:16)" 룻은 모압의 신을 버리고 여호와 하나님을 따르겠다는 결정을 한 것이다. 게다가 그녀는 자기를 '마라(괴로움)'라 부르라고 했던 시어머니 나오미를 끝까지 효성으로 봉양했다. 룻이 이런 결정을 한 것은, 아브람이 고향, 친척, 아버지의 집을 떠난 것과 맞먹는 행동이 아닐까? 룻은 매우 용기 있는 사람이었다. 더 선하고 큰 가치를 위해서 덜 중요한 가치를 버릴 수 있는 용기가 있었다. 룻의 용기는 거기서 끝나지 않는다.

이스라엘로 돌아온 룻은 밭에 가서 이삭을 주워서라도 나오미를 봉양하려고 한다. 그리고 우연히 엘리멜렉의 친족 보아스의 밭에 이르렀다. 거기서 룻은 보아스의 은혜를 입어 안전하게 이삭을 주울 수 있었다. 보아스는 소년들에게 룻을 건드리지 말도록 명령하였고, 여러 가지 편의를 제공했다. 나오미는 그 밭이 보아스의 소유인 것을 듣고서, 룻이 보아스에게 청혼하도록 도왔다. 룻은 "어머니의 말씀대로 내가 다 행하리이다(룻기 3:5)." 하였고, 결국 보아스와 결혼했다. 룻은 이방 여인이지만 다윗의 증조할머니가 되었고, 예수님의 족보에 들어갔다. 룻은 자신의 말처럼, 이스라엘 백성을 자기 백성 삼았고, 이스라엘의 하나님을 자신의 하나님이 되게 했다. 룻은 지혜가 있을 뿐만 아니라 용기의 덕목도 지닌 사람이었다. 그녀의 용기로 인하여 엘리멜렉 가족공동체는 끊어지지 않았다. 룻은 이스라엘 공동체에 하나님의 찬송이 가득하게 만들었다.

용기는 공공선을 위해 발현될 때 더 빛난다. 용기는 '더 큰 선에 마음을 두는 것'이고, 만용이나 객기와 다르다. 아무리 위험한 일이어도, 아무리 큰 희생이 있어도 선한 목적이 없다면 용기라 할 수 없다. 선한 목적은 지속 가능해야 한다. 일상에서의 크고 작은 선택에서 선한 목적을 이루는 것이 용기이다. 생각보다 역동적이지 않지만 단단하고 굳건한 의지이다. 용기는 주저하는 마음을 넘어 몸을 던지는 것이다. 유의미하고 긍정적인 세상 변화는 용기 있는 자들이 이룬다.

의인을 위하여 죽는 자가 쉽지 않고
선인을 위하여 용감히 죽는 자가 혹 있거니와
우리가 아직 죄인 되었을 때에 그리스도께서 우리를 위하여 죽으심으로
하나님께서 우리에 대한 자기의 사랑을 확증하셨느니라 (로마서 5:7~8)

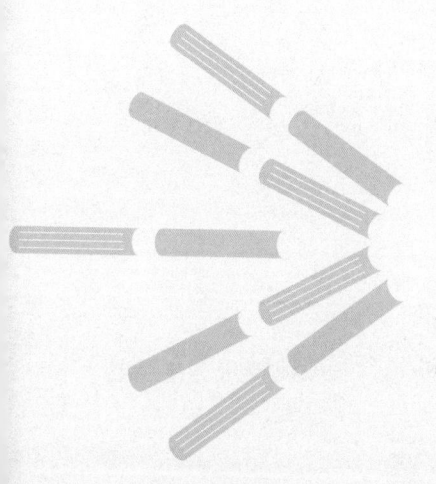

용기는 공공선을 위해 발현될 때 더 빛난다.
용기는 '더 큰 선에 마음을 두는 것'이고,
만용이나 객기와는 다르다.

그림책 톺아보기

1. 장갑 초등학교에서 별빛 캠프를 가기로 했습니다. 그런데 비닐장갑은 캠프에 가기도 전에 두려움에 휩싸여 있습니다. 당신은 비닐장갑의 두려움에 대해 어떻게 생각하시나요?

2. 손전등 없이 내려오다가 친구들과 선생님이 낭떠러지 아래로 떨어졌습니다. 그들을 도울 수 있는 건 비닐장갑밖에 없는데요. 이 상황을 어떻게 보시나요?

3. 비닐장갑이 구조요청을 하러 가는 과정에서 보이는 감정과 행동을 어떻게 생각하시나요?

4. 장갑 친구들과 선생님이 비닐장갑을 따라 산에서 내려오는 장면을 보면서 어떤 느낌이 드시나요?

삶을 변화시키는 질문

1. 당신은 용기 있는 사람인가요?

2. 지금 당신이 공동체를 위해 낼 수 있는 용기는 무엇인가요?

3. 룻기 속 룻의 용기는 나에게 어떤 교훈을 주나요?

4. 그리스도인으로서 가져야 할 용기에는 어떤 것이 있을까요?

Ⅳ. '우리'를 돌아봅니다

『돌멩이 수프』

마샤 브라운 글·그림
고정아 옮김 / 시공주니어

당신의
믿음은
어떤
모습인가요?

세상에 믿을 놈 하나 없다는 말을 자주 꺼내는 사람이 있다. 아픈 과거가 있거나 혹은 그 사람이 현재진행형의 배신을 맛보고 있어서일까? 나는 세상과 사람에 대해 어느 정도 믿음을 가지고 있어서인지 이 지구에서 그럭저럭 살 수 있다. 가끔 배신을 당하기도 하지만, 세상은 믿음의 기반 위에 서 있다고 생각한다. 아파트가 웬만해선 무너지지 않을 거라는 믿음 없이 집에서 살 수 없다. 도로에 맨날 씽크홀이 생긴다면 나는 무서워서 운전면허증을 잘라버릴 것이다. 식당에 가서 밥을 먹을 때, 주방장이 음식물에 독을 탔는지, 썩은 재료로 만들었는지 나는 알 수 없다. 주방장이 그러지 않았을 거라고 51퍼센트 정도는 믿으니까 식당에 갈 수 있다. 택시 운전사가 범죄를 저지르는 영화를 몇 번 봤지만, 내가 타는 택시의 운전사가 그러리라 생각하지 않으니까 택시도 탈 수 있다. 월급을 줄 거라는 믿음이 없는데 직장에 가서 일할 수 있을까. 다른 곳보다 싸게 판다고 믿지 않으면 할인점에도 갈 수 없다. 구성원 간에 믿음이 없다면 공동체 사회는 무너지고 말 것이다. 믿음에 관해 생각해 보기 좋은 옛이야기가 있다.『돌멩이 수프』는 프랑스 설화를 바탕으로 만들어진 그림책이다.

　전쟁터에서 집으로 돌아가던 군인 세 명이 있었다. 지치고 피곤한 데다 이틀 동안 아무것도 먹지 못한 상태였기 때문에, 눈앞에 나타난 마을의 불빛이 너무나 반가웠다. 하지만 마을 사람들은 군인들을 반가워하지 않았다. 군인들이 오고 있다는 소식에 먹을 것을 숨겼다. 사람들은 애써 배고픈 표정도 지었다. 그들의 마음을 눈치챈 군인들은 '돌멩이 수프'를 만들어 먹기로 했다. '도대체 그게 뭐지?' 돌멩이 수프라는 말에 마을 사람들은 관심이 생겨 모여들기 시작했다. 군인들은 먼저 커다란 쇠솥을 빌렸다. 그 솥에 물을 넣고 불을 지폈다. 마을 사람들에게 큼지막한 돌멩이 세 개를 구해달라고 요청했다. 소금과 후추가 있으면 수프가 더 맛있을 거라는 군인의 말에 아이들이 달려가서 소금과 후추를 가져왔다. 당근이 있으면 수프 맛이 훨씬 좋아질 것이라는 군인의 말에 한 아줌마가 당근을 가져왔다. 양배추를 넣어야 제맛이라는 말에는 한 아줌마가 침대 밑에 숨겨둔 양배추를 들고 왔다. '부잣집 식탁에도 오를 만한 훌륭한 수프', '임금님께 드려도 좋을 만큼 맛있는 수프'가 된다는 말에 사람들은 수프에 들어갈 재료를 하나둘 가져왔고, 마침내 수프는 완성되었다.

　돌멩이 수프에 속아 넘어간 마을 사람들은 참 순진하다. 애써 배고픈 척했지만, 양심이 편치 않았던 것이다. 돌멩이 수프를 만들며 중얼거리는 군인들의 말에, 마을 사람들은 음식 재료를 있는 대로 내놓는다. 죄책감을 해결

할 좋은 기회라고 느꼈을지도 모르겠다. 마음을 내어놓자 모두가 행복한 식사 시간을 만들 수 있었다. 시작은 아이들로부터였다. 아이들의 순수함이 맛있는 돌멩이 수프의 시발점이 되었다. 순수함은 호기심에서 비롯되었지만, 믿음의 조각을 지니고 있었다. 맛있는 수프를 먹을 수 있을 것이라는 믿음이 조금도 없는데 음식 재료를 내어놓을 수는 없었을 것이다. 그들은 아이들과 같은 순전한 믿음대로 '왕의 식탁'에 오를 만한 수프를 맛보게 되었다.

돌멩이 수프를 만들겠다는 군인들의 모습은 미쳤거나 사기꾼 같아 보인다. 하지만 얄밉지 않고 지혜롭다고 인정할 만하다. 사람들을 위협하지 않고 자기들뿐만 아니라 마을 사람들이 모두 먹을 수 있는 수프를 만드는 과정은 탁월하다. 큰 솥을 빌린 것을 보면, 그들은 처음부터 모두 함께 먹을 음식을 만들 생각이었다. 그들은 마을 사람들의 심리를 잘 이용해서 자발적으로 움직일 수 있게 이끌어 주었다. 솥에 돌멩이를 넣어 호기심을 자극했다. 그리고 부잣집이나 왕을 들먹여서 사람들에게 기대하게 했다. 각 사람이 가져온 재료는 보잘것없었지만, 모든 재료가 잘 섞이면 좋은 음식이 될 줄을 이미 알았던 것이다. 오랫동안 뭉근히 끓였다면 재료는 모두 잘 섞이고 어우러졌을 것이다. 당근을 가져온 사람이라고 해서 당근만 먹는 게 아니었다. 가져온 재료는 하나씩이었지만, 모든 재료를 맛볼 수 있게 하는 수프였다. 그리고 마을 사람들 누구에게든 공평하게 음식이 돌아갈 수 있었다.

그런데 마을 사람들에게 처음부터 군인이나 돌멩이 수프에 대한 믿음이 있었을까? 당연히 아니다. 단순한 호기심과 기대였을 뿐이다. 지속적인 관계 속에서 군인들을 의지하고 자발적으로 순종하는 마음이 있었다면, 군인을 믿고 그들이 만든다는 돌멩이 수프도 믿었을 것이다. 하지만 그들은 그날 처음 만난 사람들이었다. 그래도 그들의 행동에서 믿음의 조각들을 발견할 수 있다. 믿음은 작은 호기심에서 출발한다. 작은 경험, 짧은 만남, 어쩔 수 없이 한 복종에서도 시작한다. 그러다가 점점 자라난다. 돌멩이 수프에 대한 마을 사람들의 처음 믿음은 작았다. 하지만, 돌멩이 수프가 점점 완성되어가면서 믿음이 커졌다. 재료가 들어가고 맛있는 냄새가 솔솔 나니까 믿음으로 식탁을 차리고 불을 밝히게 되었다. 그 아래에서 모든 마을 사람들이 모여 식사한다. 천국 잔치가 바로 이런 자리가 아닐까?

하나님의 자녀로 살기 위해서는 믿음이 필요하다. 채드 쏜힐은 믿음이란 '확신과 신뢰와 충성'으로 이루어진다고 했다. 지식에 기초한 확신과 관계적인 신뢰, 그리고 자발적 충성을 갖추었을 때 온전한 믿음이라고 할 수 있다. 말로만 믿는다고 하면 믿음이 아니다. 우선 하나님을 '알고' 믿어야 한다. 우리가 반드시 알아야 할 복음은 이것이다. 하나님은 세상을 창조하시고 다스리신다. 그분은 인간을 사랑하셔서 예수님을 보내주셨다. 보냄을 받은 예수님 역시 하나님이시다. 예수님은 죽을 수밖에 없는 우리를 위해 인간의 몸을 입고 오셨고, 우리 대신 십자가에 못 박혀 돌아가셨다. 그리고 죽은 지 사흘 만에 부활하시고 승천하셔서 지금도 우리를 위해 기도하고 계신다. 하나님을 알아가는 행위는 마지막 때까지 계속되어야 한다.

또, 믿음에는 깊은 관계가 필요하다. 지속적인 관계 속에서 신뢰가 생긴다. 날마다 하나님께 기도하고 말씀을 통해 그분의 뜻을 알아가야 한다. 하나님의 임재를 날마다 경험해야 한다. 밥 먹을 때 하는 기도로 간단히 접속하고, 잠자기 전에만 무릎 꿇고 잠깐 접속해서 하나님과 긴밀한 신뢰가 생길 수 없다. 매시간 하나님과 동행해야 신뢰가 깊어진다. 한두 달에 한 번, 어쩌다 연락하는 남녀를 연인이라고 보기 힘든 것처럼 말이다. 눈에서 멀어지면 마음도 멀어진다는 말이 괜히 있는 게 아니다. 다행히 우리에게는 하나님과 깊은 관계를 위해 돕는 조력자가 있다. 그분은 바로 성령님이다.

하나님을 신뢰하는 사람은 하나님께 충성할 것이다. 충성은 순종으로 나타난다. 믿는 자들은 하나님 말씀에 자연스럽게 순종할 수 있다. 하나님을 사랑하니까. 복종이라고 하면, 왠지 목적을 위해 억지로 하는 것 같다. 반항하고 싶은 마음과 무력감까지 포함된 듯하다. 반항은 믿지 못할 때 나오는 행동이다. 무한책임으로 우리를 지켜주실 분은 하나님밖에 없다. 하나님께 충성하는 것은 영광이고 기쁨이다. 이렇게 믿을 때 하나님의 자녀로서의 정체성을 갖게 된다.

믿음이 완전해서 구원받는 사람은 없다. 예수님은 어린아이와 같은 순수한 믿음을 칭찬하셨지만, 그 믿음 역시 완전하지 않다. 믿음은 하나님께서 심고 자라게 하신다. 이 세상에서의 믿음은 과정 중일 수밖에 없다. 그러니까 믿음이 적다고 주눅들 필요도 없다. 하나님을 열심히 알아가고, 지속해서 관계를 맺고, 말씀에 순종하고자 다짐할 때 믿음이 성장한다. 하나님께서는 사람들의 믿음이 성장하는 것을 보면서 기쁨으로 천국 잔치를 준비하실 것이다.

믿음은 바라는 것들의 실상이요 보이지 않는 것들의 증거니
(히브리서 11:1)

그림책 톺아보기

1. 이틀 동안 아무것도 먹지 못한 군인들은 마을을 발견하고 기뻐했습니다. 하지만 마을 사람들은 군인들이 오고 있다는 소식에 먹을 것을 숨기는데요. 이 장면을 어떻게 보시나요?

2. 군인들이 돌멩이 수프를 만드는 과정을 어떻게 생각하시나요?

3. 마침내 수프가 완성되었습니다. 사람들은 마을 광장에 식탁을 내놓고 횃불을 밝혔습니다. 마을 사람들이 돌멩이 수프로 잔치를 벌이는 모습에 어떤 느낌이 드시나요?

4. 잔치가 끝나고 사람들은 군인들을 그 마을에서 가장 좋은 침대에서 자도록 합니다. 군인들이 신부님 집, 빵 장수네 집, 시장님 집에서 자는 것을 보며 떠오른 생각은 무엇인가요?

삶을 변화시키는 질문

1. 타인에 대한 믿음은 어떻게 만들어지나요?

2. 당신은 타인에 대한 믿음을 어떻게 지키나요?

3. 하나님을 향한 당신의 믿음은 지금 어떤 모습인가요?

4. 하나님을 향한 당신의 믿음이 성장하려면 어떻게 해야 할까요?

IV. '우리'를 돌아봅니다

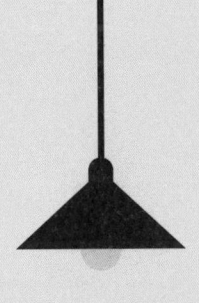

부록

라브리 그림책 독서 모임 이야기

    2023년 9월 현재, 매주 9번의 라브리 모임을 하며 60여 분의 참여자들을 만납니다. 오프라인 모임 2번, 온라인 모임 7번을 하는 동안, 저는 표면상 진행자이지만 누구보다 진지한 학생이 됩니다. 모임 참여자 호칭은 모두 '선생님'인데, 그것은 말 그대로 가르침을 주기 때문입니다. 선생님들의 이야기는 새롭고 흥미로울 뿐만 아니라 감동을 줍니다. 무엇보다 같은 그림책과 논제로 시작하지만, 모임마다 다른 전개를 보이는 다양성에 경탄하게 됩니다. 각 사람이 각각 하나의 우주임을 경이롭게 깨닫습니다. 각자의 생각과 느낌을 말한 것뿐인데 다른 참여자에게 깨달음을 주는, 묘한 감동은 말로 설명하기 어렵습니다. 서로 가르치고 배우는 자리, 서로 영감을 주고 생각이 넓어지는 자리. 라브리 모임은 강의를 듣는 수동적인 참여의 시간이 아니라, 함께 진리를 탐구하는 적극적인 자리입니다.

라브리 모임에서는 누구나 조건 없이 환영을 받습니다. 라브리 모임은 알게 모르게 '환대'의 자리를 구현하고 있었는지도 모릅니다. 헨리 나우웬은 『영적 발돋움』에서 "사람을 변화시키는 것이 아니라 변화가 일어날 수 있는 자리를 주는 것", "자신의 생활 방식을 발견할 수 있는 기회를 주는 것"이 '환대'라고 했습니다. 그래서 모임에서 나눠지는 내용도 중요하지만, 나누는 과정이 훨씬 중요합니다. 누구도 비판받지 않고 자신의 의견을 개진할 수 있는 자리의 따뜻함, 존재 자체로 인정받고 수용되는 느낌, 스스로 답을 찾아갈 수 있도록 기다려 주는 배려가 유지되도록 모임 시간 내내 신경 씁니다. 환대받은 영혼은 치유되고 재창조됩니다.

라브리 그림책 독서 모임의 정규과정은 〈마음 다짐〉, 〈관계 정리〉, 〈플루스 울트라(보다 먼 세계로)〉로 이루어져 있습니다. 모임 대부분이 총 18주의 정규과정을 마치고 이후 과정으로 이어졌습니다. 각각의 모임을 언제까지 해야 할까에 대한 질문은 늘 하지만, 아직 답을 찾지 못한 채 이어가고 있습니다. 얼마나 오랫동안 모임을 해야 실제적인 삶의 변화가 나타날지 궁금해졌습니다. 데이비드 봄은 『창조적 대화론』에서 "변화를 가져올 만큼 충분히 지속되는 대화 집단을 만드는 것"이 중요하다고 했습니다. 그는 1년이나 2년, 지속적으로, 정기적으로 모이는 대화 집단에서는 변화가 나타날 수 있다고 주장합니다. 저는 모임을 통해 인간에 대한 깊은 지식, 다름을 대하는 방식, 인간을 존중하는 태도, 다양한 삶의 방식 등을 배웠습니다. 하지만 삶으로 연결되기 위해서는 더 긴 시간이 필요했습니다. 시간을 늘리는 방법의 하나는 모임의 수를 늘리는 것입니다. 저뿐만 아니라 참여자들도요.

저의 소망 중 하나는 라브리 모임의 참여자들이 또 다른 라브리 모임을 만드는 것입니다. 가르치려는 마음이 아니라 진심으로 경청하려는 마음 자세만 있으면 충분히 가능하리라 생각합니다. 정규과정의 교재『라브리 그림책 독서 모임 1』과 이 책을 통해, 누구든지 좀 더 수월하게 도전할 수 있으리라 믿습니다. 라브리 모임을 통해 꼭 필요한 사람들이 회복되고 위로받기를 원합니다. 저는 라브리 모임을 묵묵히 지킬 것입니다. 저의 '키오스크'니까요. 지금까지 함께해 주신 '선생님'들께 깊은 감사의 말씀을 드립니다. 아울러 라브리 모임을 할 수 있도록 격려와 지지를 아끼지 않은 가족들에게 사랑의 인사를 보냅니다.

라브리 그림책 독서 모임 진행방식

〈라브리 그림책 독서 모임〉은 '비경쟁 독서토론' 방식으로 진행됩니다. 비경쟁 독서토론은 같은 책을 읽은 후 자신의 느낌과 생각을 자유롭게 말하고 타인의 의견을 경청하는 토론 방법입니다. 이 방식의 핵심은 상대방의 생각을 꺾는 것이 아니라, 생각의 차이를 인정하는 것입니다. 그러므로 서로의 인격을 존중하고, 어떠한 이야기에도 고개를 끄덕여줄 수 있는 자세가 요구됩니다.

진행자는 참여자들이 토론에 적극적으로 참여할 수 있도록 격려합니다. 어떤 말이든 이야기를 하도록 하는 게 중요합니다. 자기 이야기를 진솔하게 하는 것만으로도, 위로와 회복이 시작됩니다.

진행자는 하나의 문제에 대해서 모든 참여자에게 이야기할 기회를 줍니다. 단, 이야기하고 싶지 않은 참여자는 말하지 않고 넘어가도 된다는 규칙을 미리 알려줍니다.

참여자 모두 한 번씩의 기회가 끝나면, 진행자는 보태줄 말이 있는지 물어봅니다. 다른 사람의 이야기를 들으면서 생각이 확장되거나 의문이 생긴 것을 말하도록 합니다. 충분히 이야기한 후 다음 문제로 넘어갑니다.

참여자가 생각이 떠오르는 대로 말하기 때문에, 두서없는 경우들이 생깁니다. 그러면 진행자가 간단하게 정리하거나, 말의 의미를 명확히 하기 위해 질문을 합니다. 문제와 관련 있는 내용 위주로 정리하되, 중요한 주제가 나오면 자연스럽게 그 주제로 넘어가도 됩니다.

토론 시간은 90~120분 정도로 하고, 중간에 쉬는 시간을 둘 수 있습니다. 진행자는 끝나기 10분 전에, 각자 기억에 남거나 깨달아진 내용을 나눌 수 있도록 시간을 조절합니다.

진행자의 가장 중요한 자세는 가르치려는 자세가 아니라 경청의 자세입니다. 살아온 시간만큼 축적된 가치관이 쉽게 바뀔 수 없습니다. 진행자는 참여자가 스스로 깨달을 수 있도록 도와야 합니다. 진행자는 가장 겸손한 자세로 참여자들의 이야기를 듣고 인정할 수 있는 훈련이 필요합니다.

라브리 그림책 독서 모임 특별 과정과 그림책 톺아보기

과정 1 _ 내 마음의 이름

내 마음에 이름을 붙여 봅니다. 내 마음속에 떠오르는 다양한 감정, 의지, 생각 등을 찬찬히 들여다보는 시간을 통해 나와 우리를 이해해 보는 과정입니다.

『당신의 마음에 이름을 붙인다면』
마리야 이바시키나 글·그림, 김지은 옮김, 책읽는곰

『망가진 정원』
브라이언 라이스 글·그림, 이상희 옮김, 밝은미래

『큰 늑대 작은 늑대』
나딘 브룅코슴 글, 올리비에 탈레크 그림, 이주희 옮김, 시공주니어

『제자리를 찾습니다』
막스 뒤코스 글·그림, 이세진 옮김, 국민서관

『고약한 결점』
안느-가엘 발프 글, 크실 그림, 이성엽 옮김, 파랑새

『앙통의 완벽한 수박밭』
코린 로브라 비탈리 글, 마리옹 뒤발 그림, 이하나 옮김, 그림책공작소

『당신의 마음에 이름을 붙인다면』

1. "세상 모든 언어에는 복잡한 감정을 정확히 표현하는 단어들이 있어요. … 그 독특한 감정들을 가지고 나라 전체를 설명할 수도 있지요." 이 말에 대해 어떻게 생각하시나요?

2. 특별히 당신의 마음에 가까운 단어가 있나요? 당신의 마음 상태와 연결해서 설명해 주세요.

3. 독일에는 페른베, 토아슈루스파니크, 블루슈트페르틀리, 발트아인잠카이트, 슈투픔프라이, 게보르겐하이트가 있습니다. 독일의 단어 전체에서 느껴지는 분위기는 어떤가요? 다른 나라들도 전체적으로 어떤 느낌이 드는지 나눠주세요.

4. "우리는 살면서 종종 마주치는 익숙한 순간에 이름을 붙이곤 합니다." 당신은 어떤 순간에 어떤 이름을 붙이고 싶은가요?

『망가진 정원』

1. 에번과 멍멍이는 뭐든지 함께했습니다. 어느 날, 생각지도 못하게 멍멍이가 죽고 마는데요. 에번은 어떤 마음이었을까요?

2. 에번은 멍멍이와 함께 가꿨던 정원을 깡그리 망가뜨렸습니다. 정원은 곧 잡초로 무성해졌는데, 에번은 잡초가 마음에 쏙 들었습니다. 이런 에번의 마음을 어떻게 이해해야 할까요?

3. 쓸쓸한 정원에 호박 덩굴 하나가 울타리 밑으로 기어들었고, 에번은 그것을 정성껏 돌보았어요. 에번은 가슴이 뛰었고 익숙했던 느낌을 되찾았어요. 에번의 모습을 어떻게 보시나요?

4. 에번의 호박은 품평회에서 3등을 했습니다. 상품으로 상금 대신 아기 동물을 선택한 에번을 어떻게 생각하시나요?

『큰 늑대 작은 늑대』

1. 어느 날, 큰 늑대에게 작은 늑대가 왔습니다. 큰 늑대는 밤이 되어도 떠나지 않는 작은 늑대를 너무하다고 생각했습니다. 당신은 이 장면들을 어떻게 보시나요?

2. 작은 늑대는 큰 늑대를 따라 나무 위에 올라 아침 운동을 하고 아침을 먹었습니다. 큰 늑대는 소리 없이 눈빛으로 말했습니다. 큰 늑대는 무슨 말을 하고 싶었을까요?

3. 큰 늑대는 숲으로 산책하러 갔습니다. 저녁에 큰 늑대가 숲에서 나왔을 때 작은 늑대가 사라졌다는 것을 알게 되었습니다. 큰 늑대의 행동과 감정 상태를 어떻게 생각하시나요?

4. 큰 늑대는 작은 늑대를 기다렸고, 여러 계절이 지나 다시 만날 수 있었습니다. 당신은 둘의 재회를 보면서 어떤 생각이 드시나요?

『제자리를 찾습니다』

1. 땅 주인이 주차장을 만들 거라면서 할아버지에게 다음날 당장 떠나라고 했습니다. 땅 주인은 마음이 쓰이면 연못을 가져가라고 하는데요. 할아버지에게 있어 연못은 어떤 의미일까요?

2. 할아버지는 연못을 돌돌 말아 들고 기차를 탔습니다. 하지만 여동생의 집에서도, 학교에서도, 쇼핑센터, 병원, 미술관에서도 쫓겨났습니다. 당신은 어떤 생각이 드시나요?

3. 할아버지가 공원 잔디밭에 연못을 펼쳤는데, 개와 청둥오리가 연못에 다가오자 쫓아버렸습니다. 공원은 연못이 있기에 알맞을 것 같은데 할아버지는 다른 데로 옮겼습니다. 당신은 할아버지의 행동을 어떻게 보시나요?

4. 연못이 할머니 집 마당에 자리를 잡았습니다. 할아버지 역시 그곳에 자리를 잡았는데요. 연못의 제자리는 어떤 자리일까요?

『고약한 결점』

1. 아이는 정말 작은 결점을 갖고 태어났지만, 자라면서 결점도 함께 커졌습니다. 그 결점이 아이를 괴롭히고 발목을 잡는 장면에서 어떤 생각이 드시나요?

2. 고약한 결점은 아이가 학교에서 벌을 받게 했지만, 신기하게도 혼자 있을 때는 얌전해졌습니다. 당신은 이런 상황을 어떻게 보시나요?

3. "이런 결점들이 큰 문제가 되기도 하지만 전혀 문제가 안 될 수도 있어."라는 의사 선생님의 말씀을 어떻게 생각하시나요?

4. 아이는 결점을 신경 쓰지 않을 만큼 강해졌습니다. 정말 모든 일이 쉽고 편해졌다고 하는 아이의 말을 어떻게 느끼시나요?

『앙통의 완벽한 수박밭』

1. 앙통은 사랑과 정성을 쏟은 수박 한 통을 잃어버렸습니다. 수박의 빈자리는 점점 커지는 것처럼 보였습니다. 당신은 앙통의 마음을 이해하시나요?

2. 앙통은 수박이 목화밭으로 굴러가는 꿈, 생쥐가 수박을 갉아 먹는 꿈, 훔친 수박을 게걸스럽게 먹고 있는 자신의 꿈을 꾸었습니다. 앙통의 꿈을 어떻게 생각하시나요?

3. 앙통은 밤에 수박밭을 지키기로 했습니다. 하지만 눈꺼풀이 점점 무거워지고, 다가올 모든 밤마다 수박밭을 지키고 싶지는 않았습니다. 수박 위에서 괴로워하는 앙통을 어떻게 보시나요?

4. 길고양이들이 앙통의 수박밭을 송두리째 망가뜨렸습니다. 앙통은 엉망이 된 수박밭을 보면서 허전하거나 슬프지 않았어요. 처음 수박밭도, 난장판이 된 수박밭도 완벽하다고 하는 앙통의 마음은 무엇일까요?

과정 2 _ 내가 함께 있을게

사람은 함께 살아갑니다. 나와 너, 나와 공동체, 삶과 죽음 사이에서 어떤 모습으로 살아야 할지 생각해 보는 과정입니다.

『나와 다른 너에게』
티모테 르 벨 글·그림, 이세진 옮김, 책읽는곰

『나의 를리외르 아저씨』
이세 히데코 글·그림, 김정화 옮김, 백순덕 감수, 청어람미디어

『비에도 지지 않고』
미야자와 겐지 시, 야마무라 코지 그림, 엄혜숙 옮김, 그림책공작소

『나의 아기 오리에게』
코비 야마다 글, 찰스 산토소 그림, 김여진 옮김, 상상의힘

『나는 지하철입니다』
김효은 글·그림, 문학동네

『내가 함께 있을게』
볼프 에를브루흐 글·그림, 김경연 옮김, 웅진주니어

『나와 다른 너에게』

1. 덩치 큰 산토끼는 뭐든 다 같이 해야 하는 굴토끼들을 이해할 수 없었습니다. 산토끼의 마음이 어떻게 느껴지시나요?

2. 어느 날, 산토끼가 혼자 물을 마시러 갔다가 다른 산토끼를 만났습니다. 그 산토끼와 함께 들판에 달리기하러 가는데요. "달리니까 좋다!", "이게 모험이지!", "자유로워!"라고 외치는 산토끼를 어떻게 보시나요?

3. 산토끼는 숲속에 들어가기가 꺼려졌지만, 다른 산토끼의 꼬임에 넘어가 결국 들어갔습니다. 길을 잃고 늑대를 만나는 산토끼들을 어떻게 느끼시나요?

4. 굴토끼들이 산토끼들을 늑대로부터 구했습니다. 이후 그들의 대화를 보면서 당신은 어떤 생각이 드시나요?

『나의 를리외르 아저씨』

1. 소피의 식물도감이 망가졌어요. 소피는 그 책을 고치고 싶어 하는데요. 를리외르 아저씨를 찾기 위해 돌아다니는 소피의 모습을 어떻게 보시나요?

2. 를리외르 아저씨는 소피의 책을 고쳐주기로 합니다. 소피는 그 과정을 함께하는데요. 둘은 서로 다른 이야기를 하는 듯합니다. 당신은 이들의 대화에서 어떤 생각이 드시나요?

3. "책에는 귀중한 지식과 이야기와 인생과 역사가 빼곡히 들어있단다. 이것들을 잊지 않도록 미래로 전해주는 것이 바로 를리외르의 일이란다." 이 말의 의미는 무엇일까요?

4. 아카시아 앞의 를리외르 아저씨와 새로 제본된 <소피의 나무들>을 보고 있는 소피의 모습에서 어떤 느낌이 드시나요?

『비에도 지지 않고』

1. 비에도, 바람에도, 눈에도, 여름 더위에도 지지 않고 길을 걷는 남자를 어떻게 보시나요?

2. "하루에 현미 네 홉과 된장과 채소를 조금 먹고 모든 일에 자기 잇속을 따지지 않고" 살아가는 모습은 어떠한 삶일까요?

3. 동서남북 도움이 필요한 곳이면 어디든지 가서 돕는 남자가 있습니다. 그런 삶에 대해 어떻게 생각하시나요?

4. "모두에게 멍청이라고 불리는, 칭찬도 받지 않고 미움도 받지 않는, 그러한 사람이 나는 되고 싶다."라는 말과 그림 속 냉이, 민들레 등(로제트형 식물)은 어떤 관계가 있을까요?

『나의 아기 오리에게』

1. 알에서 막 깬 오리에게 화자가 하는 말에 대해 어떤 느낌이 드시나요?

2. "가장 큰 걸림돌은 때로는 우리 자신이야. 할 수 없다고 생각하면 해낼 수 없을지 몰라."라는 말을 어떻게 생각하시나요?

3. "마음은 네가 주는 것을 먹고 자라지. 그러니 희망을 줘. 사랑을 주고. 진실을 줘." 당신은 당신의 마음에 무엇을 주고 있나요?

4. "따스한 행동은 따스한 감정으로 연결되지." 따스한 감정이 행동으로 연결되기도 하는데요. 이 둘의 관계를 어떻게 보시나요?

『나는 지하철입니다』

1. 지하철은 많은 사람이 이용하는 대중교통입니다. "어디에선가 와서 어디론가 가는 사람들"을 당신은 어떻게 생각하시나요?

2. 달리는 완주 씨, 해녀 할머니, 막내딸 유선 씨, 구두 장인 재성 아저씨, 입시생 나윤이, 뭐든지 파는 구공철 씨, 취준생 도영 씨. 각 사람의 이야기 중에 가장 가슴에 닿는 이야기는 무엇인가요?

3. 매일 만나는 사람들, 가끔 만나는 사람들, 어쩌다 한 번 만나는 사람들을 보며 지하철은 어떻게 그들의 이야기를 볼 수 있었을까요?

4. "오늘도 우리는 달립니다." 지하철은 오늘도 '보이지 않는 이야기를 가득 싣고' 운행합니다. 이런 지하철에 대해 어떻게 느끼시나요?

『내가 함께 있을게』

1. 죽음이 오리를 슬그머니 따라다니기 시작했고 오리는 느낌이 이상했습니다. "와, 드디어 내가 있는 걸 알아차렸구나. 나는 죽음이야!"라는 죽음의 말을 어떻게 느끼시나요?

2. 오리는 죽음이 "죽음만 아니라면 괜찮은 친구"라고 했습니다. 이 말에 대해 어떻게 생각하시나요?

3. 오리는 죽음 이후 어떻게 될지 궁금했습니다. 당신은 죽음 이후의 삶이 어떠할 것으로 생각하시나요?

4. 죽음은 오랫동안 떠내려가는 오리를 바라보다가 조금 슬퍼졌습니다. 그리고 그것이 삶이라고 했는데요. 당신은 어떤 느낌이 드시나요?

과정 3 _ 두 갈래 길

인생은 선택의 연속입니다. 두 갈래 길에서 어떤 선택을 해야 하는지 같이 생각해 보는 과정입니다.

『형제의 숲』
유키코 노리다케 글·그림, 이경혜 옮김, 봄볕

『더우면 벗으면 되지』
요시타케 신스케 글, 양지연 옮김, 주니어김영사

『손님이 찾아왔어요』
소냐 보가예바 글·그림, 임정은 옮김, 시공주니어

『스갱 아저씨의 염소』
알퐁스 도데 글, 에릭 바튀 그림, 강희진 옮김, 파랑새

『우리는 당신에 대해 조금 알고 있습니다』
권정민 글·그림, 문학동네

『고슴도치X』
노인경 글·그림, 문학동네

『형제의 숲』

1. 이 책은 한 형제가 각자의 방식으로 다르게 살아가는 모습이 양쪽 면에 펼쳐집니다. 처음 시작은 "여기 있기, 그대로 좋아서"와 "다음을 생각하기"입니다. 이 말에 대해 어떻게 생각하시나요?

2. "가진 것으로 집 짓기"와 "남들처럼 집 짓기"는 어떻게 다를까요?

3. 사람들과의 관계에 있어서 "가까워지기"와 "에워싸이기"는 각각 어떤 결과가 나올까요?

4. 나무가 가득한 장면과 집과 도로가 가득한 장면을 비교해 보면서 무엇을 느끼시나요?

『더우면 벗으면 되지』

1. 책에 나온 여러 상황 중 가장 공감되는 것과 그렇지 않은 것을 나눠주세요.

2. "세상이 꼴 보기 싫어졌다면 번쩍거리는 화면을 보지 않으면 되지."라는 장면이 있습니다. 당신과 가족의 경우를 생각하면 어떤 느낌이 드시나요?

3. "아무에게도 상처 주고 싶지 않다면 멋진 거짓말을 지어내면 되지."라는 말에서 '멋진 거짓말'이라는 것이 있을까요? 당신의 생각을 나눠주세요.

4. "세상이 변했다면 나도 변하면 되지."라는 장면에서 세상이 변한 정도보다 더 변한 사람의 모습이 나옵니다. 당신은 그 장면을 어떻게 생각하시나요?

『손님이 찾아왔어요』

1. 한스는 사촌들 집에 와서 어떻게 이렇게 살 수 있느냐며 자기한테 다 맡기라고 합니다. 그런 한스의 모습을 어떻게 보시나요?

2. 한스는 아침에는 콘플레이크를 먹자고 하고, 전염병을 옮긴다면서 개와 고양이와 새를 집 밖으로 내쫓습니다. 당신은 이 장면을 어떻게 생각하시나요?

3. "고마워할 필요 없어. 다 내가 좋아서 하는 건데, 뭐."라는 한스의 말을 어떻게 느끼시나요?

4. 병이 난 언니와 동생은 한스가 떠나자 다시 예전으로 돌아갔어요. 그런 모습을 보면서 어떤 생각이 드시나요?

『스갱 아저씨의 염소』

1. 스갱 아저씨는 염소 여섯 마리를 잃고 또 염소를 사 왔습니다. 그 염소 이름을 블랑께뜨라고 지어 주었어요. 아저씨가 블랑께뜨를 위해 해준 일들에 대해 어떻게 생각하시나요?

2. 블랑께뜨는 산에 가서 자유롭게 살고 싶어 합니다. 그래서 외양간에서 창문으로 탈출하고 마는데요. 이런 블랑께뜨에 대해 어떻게 느끼시나요?

3. 저녁이 되고 블랑께뜨는 커다란 늑대와 마주쳤습니다. 블랑께뜨는 덜덜 떨렸지만, 온 힘을 다해 끝까지 늑대와 싸워보기로 했는데요. 당신은 블랑께뜨의 마음을 이해하시나요?

4. 스갱 아저씨는 나팔을 불며 블랑께뜨를 애타게 찾았습니다. 스갱 아저씨의 마음은 어떨까요?

『우리는 당신에 대해 조금 알고 있습니다』

1. 사람들이 식물을 고르는 과정이 나옵니다. 하지만 식물의 이름조차 기억하는 게 어렵습니다. 이 과정을 어떻게 보시나요?

2. 계단에 줄줄이 놓인 화분에는 축하를 위한 장식들이 있습니다. 당신은 이 장면에서 어떤 생각이 드시나요?

3. 식물은 사무실에 놓여 있습니다. "적성에 맞지 않는 곳이라도 조금은 버텨 봐야 한다는 것."을 배웠다고 합니다. 이 말에 대해 어떻게 느끼시나요?

4. 죽어가는 화분들이 사람을 향해 소리칩니다. 지나가던 아저씨가 "작은 숨소리"를 듣습니다. 어떻게 하면 식물의 숨소리를 들을 수 있을까요?

『고슴도치X』

1. 도시 찬가가 울리는 도시 '올'에서 고슴도치가 학교 갈 준비를 하고 있습니다. "도시민 선서"에는 "부드러운 가시, 세련된 시민"이라는 문구가 보이는데요. 이 장면을 어떻게 보시나요?

2. 고슴도치가 도서관에서 발견한 책의 내용을 보면서 어떤 생각이 드시나요?

3. 고슴도치는 책을 보고 난 후 뾰족 가시를 세우기 위해 열심히 훈련하면서 숲으로 나갈 궁리를 합니다. 그런 고슴도치를 어떻게 느끼시나요?

4. 고슴도치는 마침내 벽을 뚫고 도시 밖으로 나왔습니다. 혼자서 숲속으로 들어가는 고슴도치는 앞으로 어떻게 살았을까요?

과정 4 _ 흔들리는 영혼

흔들리지 않는 영혼은 없습니다. 흔들리며 가는 길에 만나는 시 그리고 그림. 시 그림책을 통해 인생을 돌아보는 과정입니다.

『다니엘이 시를 만난 날』
미카 아처 글·그림, 이상희 옮김, 비룡소

『눈 내리는 저녁 숲가에 멈춰 서서』
로버트 프로스트 글, 수잔 제퍼스 그림, 이상희 옮김, 살림어린이

『달팽이 학교』
이정록 글, 주리 그림, 바우솔

『영이의 비닐우산』
윤동재 시, 김재홍 그림, 창비

『살아있다는 건』
다니카와 슌타로 글, 오카모토 요시로 그림, 권남희 옮김, 비룡소

『흔들린다』
함민복 시, 한성옥 그림, 작가정신

『다니엘이 시를 만난 날』

1. 다니엘은 공원의 안내문을 보면서 "시가 뭘까?" 궁금했습니다. 그래서 매일 동물들에게 시가 뭐냐고 물었는데요. 당신이라면 어떻게 대답하시겠습니까?

2. 다니엘은 동물들을 물끄러미 쳐다봅니다. 그러면서 동물들과 대화를 하는데요. 최근에 무언가를 물끄러미 바라본 경험이 있나요?

3. 다니엘은 일요일에 자기가 찾은 시를 함께 나눌 생각에 무척 기뻤습니다. 다니엘은 왜 시를 짓거나 쓴다고 하지 않고 찾았다고 했을까요?

4. 다니엘이 시를 발표할 때 많은 사람이 들었습니다. 그 자리에는 다니엘과 대화했던 동물들도 함께하는데요. 이 장면을 어떻게 생각하시나요?

『눈 내리는 저녁 숲가에 멈춰 서서』

1. "눈 덮이는 자기 숲 바라보는 것도 모를 테지."로 끝나는 첫 번째 연과 그림들을 보면서 어떻게 느끼시나요? 숲의 진정한 주인은 누구인가요?

2. 노인은 "한 해 중 가장 어두운 저녁, 숲과 꽁꽁 얼어붙은 호수 사이에 서서" 짐 속에서 풀과 씨앗을 꺼내고 있었습니다. 노인이 무엇을 하는 것일까요?

3. "말방울 소리 말고는 스쳐가는 바람 소리뿐/ 폴폴 날리는 눈송이 소리뿐" 이 장면들에서 어떤 생각이 드시나요?

4. 노인은 지켜야 할 약속이 있고, 잠자리에 누우려면 한참을 더 가야 한다고 말합니다. 그 약속이 무엇이라고 생각하시나요?

『달팽이 학교』

1. 당신에게 있어 '느림'은 어떤 의미로 다가오시나요?

2. 달팽이들은 이웃 보리밭으로 소풍을 다녀오는 데 일주일이 걸렸습니다. 김밥 싸는 데에도 사흘이나 걸렸는데요. 당신은 이 상황을 어떻게 보시나요?

3. "할아버지 교장 선생님이 가장 늦는다." 만약 교장 선생님이 가장 빠르면 달팽이 학교는 어떻게 달라졌을까요?

4. 교실에다가 오줌 싸는 애들이 많습니다. 복도에다 똥을 싸기도 합니다. 이 장면을 어떻게 느끼시나요?

『영이의 비닐우산』

1. 비 오는 날 거지 할아버지가 담벼락에 기대어 잠이 들어있습니다. 그 옆에 쭈그러진 깡통에 빗물이 촐촐 넘치고 있는데요. 이 광경을 보면서 어떤 느낌이 드시나요?

2. 영이는 구멍 난 비닐우산을 할아버지 위에 살며시 씌워 드렸습니다. 영이가 달려가는 장면에서 땅이 연둣빛으로 물들어 있네요. 영이와 할아버지의 마음은 어땠을까요?

3. 하굣길에 영이는 담벼락에서 비닐우산이 꼿꼿이 세워져 있는 것을 보았습니다. 할아버지도 깡통도 보이지 않았습니다. 비도 오지 않는데 우산을 펴고 집으로 돌아가는 영이의 모습을 어떻게 보시나요?

4. 앞뒤 면지에 비닐우산이 다르게 놓여 있습니다. 어떤 의미일까요?

『살아 있다는 건』

1. "살아 있다는 건 지금 살아 있다는 건" 지금의 삶에 관한 이야기를 시작하면서 죽은 매미를 보여주는 것은 어떤 의미일까요?

2. 산다는 것은 "세상의 모든 아름다움과 마주하는 것, 감춰진 나쁜 마음을 조심스레 막아내는 것"이라고 합니다. 당신은 이 말에서 어떤 느낌이 드시나요?

3. 울고, 웃고, 화내고, 자유로운 것이 살아있는 것이라고 하는데, 당신의 생각은 어떠신가요?

4. "사람은 사랑한다는 것 / 네 손의 온기 / 생명이라는 것" 사람은 사랑해야 살아 있다고 할 수 있나요? 당신의 생각을 나눠주세요.

『흔들린다』

1. 이 시에는 '흔들린다'는 표현이 많이 나옵니다. 당신은 흔들림에 대해 어떻게 생각하시나요?

2. "나무는 최선을 다해 중심을 잡고 있었구나." "흔들림의 중심에 나무는 서 있었구나." 이 문장들이 어떤 느낌을 주시나요?

3. "흔들리지 않으려고 흔들린다, 흔들려 덜 흔들린다"는 말은 어떤 의미일까요?

4. 나무가 그늘을 다스리는 일과 숨을 쉬는 일이 흔들리는 것과 어떤 관계가 있을까요?